互联网金融风险及其管理研究

夏宇 钟路阳 母耕坡 著

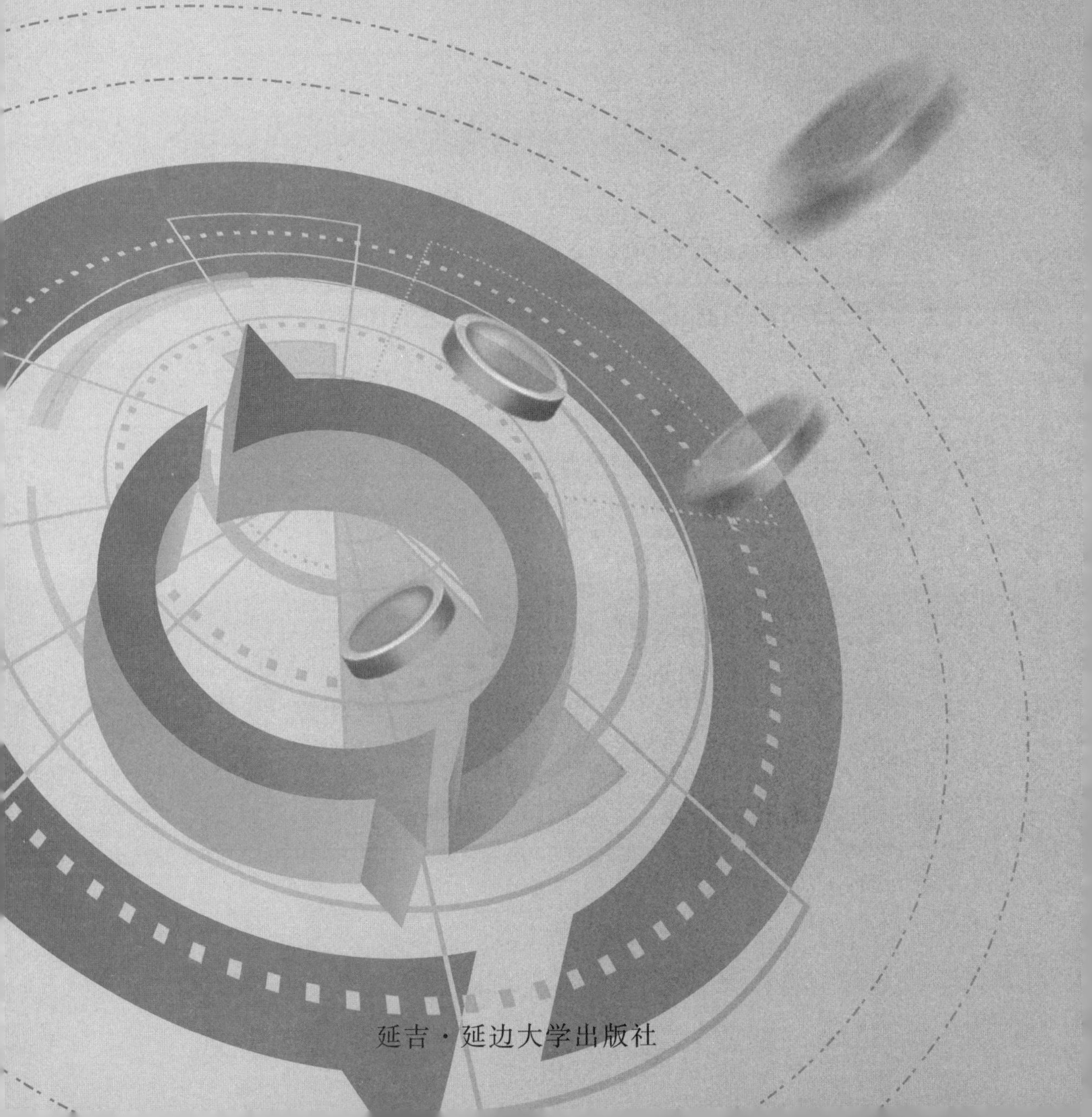

延吉·延边大学出版社

图书在版编目（CIP）数据

互联网金融风险及其管理研究 / 夏宇，钟路阳，母耕坡著. -- 延吉：延边大学出版社，2024.6. -- ISBN 978-7-230-06726-3

Ⅰ．F832.29

中国国家版本馆 CIP 数据核字第 20249C00G1 号

互联网金融风险及其管理研究

著　　　者：夏　宇　钟路阳　母耕坡	
责任编辑：董德森	
封面设计：文合文化	
出版发行：延边大学出版社	
社　　　址：吉林省延吉市公园路 977 号	邮　编：133002
网　　　址：http://www.ydcbs.com	
E-mail：ydcbs@ydcbs.com	
电　　　话：0433-2732435	传　真：0433-2732434
发行电话：0433-2733056	
印　　　刷：三河市嵩川印刷有限公司	
开　　　本：787 mm×1092 mm　1/16	
印　　　张：11	字　数：205 千字
版　　　次：2024 年 6 月　第 1 版	
印　　　次：2024 年 6 月　第 1 次印刷	
ISBN 978-7-230-06726-3	
定　　　价：68.00 元	

前　言

随着信息技术的迅猛发展，互联网金融作为一种新兴业态，已经深刻改变了传统的金融模式和人们的经济生活。互联网金融凭借其便捷性、高效性和创新性，在推动经济增长、优化资源配置、满足多样化金融需求等方面发挥了重要作用。然而，与此同时，互联网金融也带来了诸多风险和挑战，如何有效识别、评估和管理这些风险，成为当前金融领域亟待解决的问题。

互联网金融风险的多样性和复杂性，要求人们必须从多个角度进行深入的研究和分析。这些风险包括但不限于技术风险、信用风险、市场风险、操作风险等，它们之间相互交织、相互影响，形成了一个复杂的风险网络。因此，对于互联网金融风险的管理，需要综合运用风险管理理论、信息技术、数据分析等多种工具和方法，构建一个全面、系统、动态的风险管理体系。

互联网是现代社会的"神经中枢"，金融是国家经济的"血脉"。互联网金融是网络经济和电子商务发展的必然产物，扩展了传统金融的广度，已成为新经济时期金融的主要发展方向。互联网金融作为时下的热点话题，吸引了互联网领域、金融领域及其他相关领域人士的广泛关注。要想及时掌握互联网金融的相关概念、方法和原理，了解互联网金融在发展中的创新知识和新技术，把握互联网金融在管理、监管等方面的特点，就需要对互联网金融的知识体系进行系统的梳理。同时，研究互联网金融风险及其管理，能够在一定程度上为我国互联网金融的健康发展提供理论支持和实践指导。

本书对互联网金融风险及其管理展开研究，共分为十章。第一章为互联网金融概述，介绍了互联网金融产生的背景及其内涵、特征，从互联网金融的理论基础出发，分析了其发展趋势。第二章分别从明确互联网金融监管原则、协调互联网金融的机构监管、完善金融消费者保护办法，以及创新互联网金融监管模式共四个方面，论述了互联网金融监管的相关内容。第三章不仅介绍了互联网金融风险的种类与监管，还对互联网金融风险的控制方法和管理策略展开了论述。第四章、第五章、第六章分别介绍了移动支付、互联网票据、网上银行会面临的风险，并给出了防范风险的建议。第七章分析了非法集资与金融传销的内涵、特征，通过介绍国家对非法集资与金融传销的法律处罚，彰显国家维护金融市场的稳定和秩序、保护投资者的合法权益、减少犯罪行为对社会造成危害的鲜明态度和坚定决心。第八章为大数据信贷风控，对比分析了大数据风控与传统风控之间的异同，介绍了互联网金融公司开展大数据风控的前提，以及大数据在风险控制中的应用。第九章和第十章介绍了如何识别P2P平台和股权众筹的主要风险，并分析了防范与控制相关风险点的措施。

  本书在撰写的过程中，笔者参考和引用了一些学者关于互联网金融风险及其管理研究的观点和相关资料，在此向这些学者表示衷心的感谢。由于时间和水平有限，本书难免存在不足之处，恳请广大读者批评指正。

  罗美静参与了本书的审稿工作。

目 录

第一章 互联网金融概述 ... 1
第一节 互联网金融产生的背景 ... 1
第二节 互联网金融的内涵和特征 ... 4
第三节 互联网金融的发展趋势 ... 7
第四节 互联网金融的理论基础 ... 11

第二章 互联网金融监管 ... 17
第一节 明确互联网金融监管原则 ... 17
第二节 协调互联网金融机构监管 ... 26
第三节 完善金融消费者保护办法 ... 34
第四节 创新互联网金融监管模式 ... 44

第三章 互联网金融风险的种类与监管 ... 51
第一节 互联网金融风险的种类 ... 51
第二节 互联网金融风险的特征 ... 56
第三节 互联网金融风险的控制方法和管理策略 ... 60

第四章 移动支付的风险及防范 ... 74
第一节 认识移动支付 ... 74
第二节 移动支付的风险分析 ... 76
第三节 移动支付技术面临的安全风险 ... 78
第四节 移动支付技术安全风险的应对意见 ... 81
第五节 移动支付风险防范建议 ... 84

第五章　互联网票据的风险及防范 89

第一节　互联网票据平台的作用 89

第二节　互联网票据理财的主要业务模式 91

第三节　互联网票据理财的风险 92

第四节　互联网票据法律风险的防范 96

第六章　网上银行面临的主要风险及安全防护措施 98

第一节　网上银行 98

第二节　网上银行面临的主要风险 100

第三节　防范网上银行风险的安全措施 103

第七章　非法集资与金融传销 109

第一节　认识非法集资 109

第二节　互联网金融背景下非法集资活动的新特征 113

第三节　非法集资的法律处罚 115

第四节　互联网金融传销风险防范 118

第八章　大数据风控 121

第一节　大数据风控与传统风控的区别 121

第二节　互联网金融公司开展大数据风控的前提 123

第三节　大数据在风险控制中的应用 125

第四节　大数据如何防控恶意欺诈 127

第九章　P2P公司面临的风险及风险控制与防范 131

第一节　P2P的业务类型及风险点 131

第二节　P2P行业的风控挑战 134

第三节　P2P 平台对借款人的风险识别及防控方法 …………… 136

　　第四节　P2P 平台债权转让的模式及风险防范 ………………… 139

　　第五节　识别 P2P 平台是否会跑路的关键指标 ………………… 144

　　第六节　如何识别 P2P 平台假标 ………………………………… 145

　　第七节　如何看透风险准备金的"猫腻" ………………………… 148

第十章　股权众筹的风险防控 …………………………………………… 151

　　第一节　股权众筹运营的不同模式 ……………………………… 151

　　第二节　股权众筹的主要风险分析 ……………………………… 155

　　第三节　股权众筹机构的风险防控 ……………………………… 162

　　第四节　借股权众筹之名行违法犯罪之实的司法认定 ………… 164

参考文献 …………………………………………………………………… 167

第一章 互联网金融概述

第一节 互联网金融产生的背景

任何事物的产生和发展都离不开社会需求与科技进步的推动,互联网金融也不例外。互联网金融是指传统金融机构与互联网企业利用互联网技术和信息通信技术,实现资金融通、支付、投资和信息中介服务的新型金融业务模式。互联网金融的兴起是大势所趋,是社会需求推动下时代发展的必然产物。

一、互联网技术的普及为互联网金融产生提供了条件

互联网技术的进步,尤其是社交网络、搜索引擎、大数据、云计算等技术的普及,使市场信息不对称程度大大降低。通过分析和整理制定风险控制模型,信息处理成本和交易成本大幅降低。信息技术的迅猛发展,不仅降低了处理金融交易过程的成本,而且降低了投资者获取信息的难度,这为互联网金融的产生提供了条件。

以大数据和云计算技术为例,大数据包含了互联网、医疗设备、视频监控、移动设备、智能设备、非传统 IT(Internet Technology,互联网技术)设备等渠道产生的海量结构化或非结构化数据,大量的交易数据中囊括了有关消费者、供应商和运营管理方面的信息,运用云计算技术对获取的数据进行系统地筛选、提炼、统计和分析,不仅能够获取最有效的信息,还能够获取潜在的商业价值。大数据和云计算技术的应用,提高了信息的处理效率,降低了信息处理的成本,增加了信息的利用率。

阿里巴巴、京东等电子商务企业可以获得商户的日常交易信息、订单信息,通过交易信息数据处理分析可以得出商户基于该平台交易本身的实际资信水平,从而确定是否

向商户发放贷款或发放贷款的额度。在整个过程中，融资者的范围增加了，之前未被准入的基于平台交易的小微企业群可以获得一定的融资，大数据的运用使得企业获得贷款的过程更加快捷、灵活。

二、电子商务的快速发展为互联网金融奠定用户基础

近年来，我国电子商务市场规模持续增长，网络购物逐渐成为消费的潮流。随着电子商务的发展，其对我国工农业生产、商贸流通和社区服务等的渗透不断加深，实现了实体经济与网络经济、线上与线下的不断融合，且跨境合作与全球扩展的趋势日趋明显。电子商务的快速发展引起人们对便捷网络支付方式的迫切需求，成为互联网金融发展的契机。

在电子商务体系中，互联网金融是必不可少的一环。传统的电子商务包括商务信息流、资金流和物流三个方面，其中，资金流关系到企业的生存和发展，对企业至关重要。新型电子商务所涉及的交易摆脱了时间和空间的限制，对资金流的控制则需要第三方支付平台和传统渠道之外的资金支持。新型电子商务使得商品交易的时间大大缩短，这也对更加快捷的支付和资金融通提出了新的要求。因此，电子商务的快速发展使得更多的企业对快捷的资金服务需求进一步加大。互联网在居民生活中和企业经营发展中的渗透加深，加之电子商务的发展，促使企业更加需要高效便捷的金融服务，这些为互联网金融的快速发展奠定了广阔的用户基础。

三、网络渠道的拓展可以降低成本、增加用户数量

自从进入网络经济时代以来，以互联网为主的现代信息和通信技术快速发展。互联网改变了企业与客户间传统的供求方式，扩大了品牌的影响力，越来越多的企业认识到互联网渠道的拓展对企业的重要性。对于企业而言，互联网营销渠道构建的优势主要体现在成本的节约与用户数量的增长上，这两点也是企业长期发展的立足点。

第一，节约成本，这主要体现在三个方面：

首先是时间成本的节约。通过互联网信息的传播，产品信息可以瞬间到达另一个互联网终端，时间成本趋近于零。其次是营销成本的节约。在网络推广下，销售信息以低

廉的成本在互联网用户之间传播，相对于其他媒介的营销推广，互联网低廉的营销成本显而易见。最后是通路成本的节约。互联网的应用在一定程度上弱化了渠道中间商的作用，极大地降低了通路成本。

第二，增加用户数量。在用户拓展上，互联网金融突破了地域的限制，所有使用互联网的人群均为互联网金融企业潜在的用户。企业通过对用户的地域分布、年龄、性别、收入、职业、婚姻状况和爱好等基本资料的分析处理，有针对性地向用户投放广告，并根据用户特点进行定点投放和跟踪分析，对广告效果作出客观准确的评价。网络营销的精准定位，将部分潜在客户变为企业实际用户，在一定程度上帮助企业拓展了用户群体。

四、多样化的融资理财需求刺激互联网金融的发展

从20世纪80年代开始，我国经济就一直处于高速发展状态，2013年至2022年，我国国内生产总值年均增长6%以上。经济的高速发展使得居民收入持续稳定增长，居民人均可支配收入不断增长，家庭恩格尔系数不断下降，这些都表明我国居民的生活水平有了实质性的提高，消费领域扩大，并开始由量变转向质变。随着经济形态不断演进，消费者对金融的诉求不断提高，我国过去的金融业非常庞大，但服务范围较小，已有的金融体系不能满足消费者对金融服务日益增长的需求。互联网金融可以实现资金的合理有效配置，提高金融服务质量，弥补传统金融服务的不足。

另外，小微企业在我国国民经济的发展中起着不可替代的作用。传统的金融业更多关注高净值客户群、机构客户，小微企业的规模小、固定资产比重低、财务信息透明度低等经营特征使其面临融资障碍；信息不对称所带来的高融资成本更使小微企业从外部融资难上加难。从融资渠道来看，目前我国小微企业仍旧偏向于以内部融资的方式获得资金，仅有少部分小微企业能从银行获得贷款。互联网金融依托计算机网络、大数据处理，大幅扩宽金融生态领域的范围，免于实体网点建设、24小时营业、准入门槛低等特点使互联网金融平台扩大了金融服务的覆盖面。金融平台与电子商务紧密合作，降低了获取小微企业信息的成本，促进了交易的达成。利用计算机系统，任何互联网金融平台都能对订单进行批量处理，从而提高效率。这些特点均为小微企业融资提供了便利条件，逐步解决了小微企业融资难的问题。互联网金融为小微企业的融资提供了高效、便捷的途径，不断增长的小微企业融资需求又促进了互联网金融的发展。

五、融资来源及经营地域限制倒逼互联网金融的发展

民间借贷的发展是由于普通个人和小微企业无法从正常的金融渠道获取融资。融资来源和经营地域的限制已成为制约其发展的瓶颈。

第一，融资来源限制。《关于小额贷款公司试点的指导意见》规定：小额贷款公司的主要资金来源为股东缴纳的资本金、捐赠资金，以及来自不超过两个银行业金融机构的融入资金；在法律法规规定的范围内，小额贷款公司从银行业金融机构获得融入资金的余额，不得超过资本净额的50%。

第二，经营地域限制。小额贷款公司在注册成立时，大多被规定不得从事其他经营活动、不得对外投资、不得设立分支机构、不得跨县级行政区域发放贷款。在我国，小微企业数量众多，融资需求也极为旺盛，传统的民间借贷市场信息不对称现象严重，借贷利率有时甚至高于银行利率数倍，导致这些企业往往进入高利贷的恶性循环，最后无法还款，容易发生群体性事件。传统的民间借贷需要中间方，这推高了借贷利率。

第二节　互联网金融的内涵和特征

一、互联网金融的内涵

从广义的金融角度看，现有的互联网金融模式根据施行主体的不同可分为两大类：一是金融互联网模式，如银行、证券、保险等实体金融机构以互联网为媒介开展的线上服务（如网上银行、网上证券等）；二是基于互联网的新金融形式（即互联网金融模式），如各类互联网在线服务平台直接或间接向客户提供第三方金融服务。

从狭义的金融角度看，互联网金融模式是为了满足用户新的金融需求，由互联网技术与金融"联姻"产生的金融新业态。随着互联网产业的不断发展，互联网企业不断拓展业务范围，不仅通过传统方式向金融机构提供技术和服务支持，而且不断挖掘数据、

创新业务，将业务拓展至金融界，由此产生互联网金融模式。

互联网金融是传统金融机构与互联网企业利用互联网技术和信息通信技术实现资金融通、支付、投资和信息中介服务的新型金融业务模式。

随着互联网技术的快速发展，互联网企业不仅没有将发展的目光限制在自身业务上，而且没有停滞在仅仅为金融机构输送技术支持和提供技术服务的层面上，而是对长期积累下来的数据信息进行总结、分析，应用在金融业务中，创造出互联网金融模式，这也成为互联网技术与传统金融行业相结合的一个新兴领域。

二、互联网金融的特征

（一）透明化

在传统金融模式下，金融机构为获得拟投资企业有关经营状况的信息，需要投入大量的成本建立一个评估拟投资企业的部门，派出一个项目小组对拟投资企业进行考察，同时结合大量的真实数据和推测的政策导向，才能出具相关的可行性报告。这一过程可能会持续相当长的时间，耗费相当高的成本。在互联网金融模式下，任何企业或个人的信息都会与其他主体发生联系，移动互联网技术使得金融产品可以随时随地交易，交易双方借助互联网搜索自己需要的各种信息，这样能够比较全面地了解一家企业或个人的财力和信用情况、降低交易双方的信息不对称程度。当贷款对象违约时，互联网企业则可以通过公开违约情况和降低评级信息等方式，增加贷款对象的违约成本，从这一角度对贷款对象形成制约。

（二）去中介化

在原有的金融模式下，资金需求者或持有好的项目但无法取得银行的信赖与支持，或并没有好的项目却能满足银行的借款条件。作为资金供给方的传统银行业，在这样的情形下更倾向于将资金借贷给那些大型的国有企业，或者处于蓬勃发展的黄金时期的行业，即使有的企业老旧、固化、收益率不高，即使有些行业可能存在"过热"的可能，但这样做可以保证银行拥有较低的不良贷款率。互联网金融机构可以基于互联网的信息对称性，使得中介机构作为互联网平台的一个角色出现，将社会上闲散的、碎片化的资金收集起来，使传统观念里神秘的金融业务平民化。

（三）移动化

随着智能手机的普及和二维码支付市场的爆发，消费者从 PC（Personal Computer，个人计算机）端向移动端的迁移速度加快。从第三方移动支付交易规模的结构分布来看，移动金融和移动消费呈现增长势头。

（四）覆盖广与发展快

互联网金融在我国的发展，主要以互联网的发展为基础，同时依靠电子商务平台的快速覆盖。互联网金融被赋予了网络的特点，可以对全球进行有效的覆盖，打破传统的地域限制，并突破时间上的约束。金融与互联网结合将会扩大业务覆盖范围，吸引更多的客户。

（五）低成本与效率高

在降低交易成本的同时提高效率是互联网金融的特征之一。互联网金融业务操作流程趋于规范化、标准化，所有的业务都在计算机或智能手机上进行，客户不需要去银行网点排队等候，降低了时间成本。除此之外，计算机在业务处理上效率更高，可以改善客户的体验，提升客户的满意度。

（六）管理弱与风险大

部分互联网金融平台可以通过大数据来进行客户的信用调查，但没有与中国人民银行征信系统进行对接，大量的数据信息不能共享。与传统商业银行相比，互联网金融企业的风险控制能力还不足，因此加强它们的风险控制能力是今后工作的重点。此外，互联网金融在我国发展时间还不长，行业规范和法律监督还不完善，互联网金融面临着一定的法律风险和政策风险。

第三节 互联网金融的发展趋势

一、多层级金融服务体系形成

互联网金融将助力社会形成多层级的金融服务体系，虽然在短期内互联网金融的出现不能使现有的金融机构出现颠覆性的改变，但是互联网独特的理念和模式可以使资金配置更加直接和自由，大数法则可以降低总体违约率。因此，即使这个过程比较漫长，也可以通过互联网技术手段，最终摆脱传统金融机构在资金融通过程中的主导地位。

作为补充原有金融体系的互联网金融具有多样性和灵活性的特点，既能有效地将金融服务下沉至原本无法服务的广大小微企业与个体工商户中去，又能在原来没有涉猎的领域中开展，极大提高了我国金融体系的灵活性并拓展了其服务广度。这样多层级、立体式的金融环境可以全方位地满足需求，最终达到从企业初创，到企业步入正轨，再到企业发展壮大上市，甚至股份回购退市都有相应的金融平台支持的效果。

互联网金融的发展使得传统金融业与之竞争加剧，传统金融业面临客户流失严重、资产业务竞争加剧等风险。从互联网金融的发展历程可以看出，互联网金融已从最初的仅提供支付转账业务向提供包括现金管理、余额理财、基金和保险代销、小微信贷等多元化的金融服务在内的一体化模式发展，同时促进了多层级金融服务体系的形成。

促进中国市场金融结构的转型，不仅需要互联网金融的努力，也需要传统金融机构的支持。未来，传统金融机构与互联网金融有可能在更大的范围内和更深的程度上互相渗透和融合，从而提高整体金融效率。

二、金融基础设施不断完善

金融基础设施是指金融运行的硬件设施和制度安排，其建设的三要素分别为法律基础设施、会计基础设施、监管基础设施。金融基础设施越发达，其承受外部冲击的能力就越强，重视金融基础设施建设对一个国家经济发展、新兴经济与转型经济的金融稳定和社会安定有着十分重要的作用。

　　互联网金融的发展促进法律基础设施的完善。法律基础设施是金融基础设施的核心，完善的金融法律是金融市场正常运转的保证。运行良好的法律体系有利于促进金融市场发展和刺激投资，进而带动经济增长。我国涉及计算机和网络领域的立法工作还相对滞后，有关互联网金融的法律法规较少。以互联网银行为例，《中华人民共和国商业银行法》《中华人民共和国中国人民银行法》均没有针对互联网银行的有关规定。和互联网银行相关的一些法规缺少可以具体实施的规定，并且不能覆盖新出现的组织形态及业务类型，互联网银行在运行过程中游走在已有法律法规的边缘。新互联网金融形态给国家法律调控带来了巨大的挑战，与信息网络在国家发展战略和规划布局中的基础性、先导性地位相比，政策支持力度和投入明显不足，法律基础设施仍不能满足市场发展的需要。随着互联网金融领域的新业务层出不穷，更加完善的法律政策和良好的法律环境呼之欲出，直接促进法律基础设施的完善。

　　互联网金融的发展促进会计基础设施的完善。金融基础设施的关键要素是会计基础设施，可靠的会计信息对于作出正确的、具有经济影响的判断和决策来说，是十分有用的。如果对公司的经营状况、个人的信用情况没有充分的信息披露，市场约束就不可能产生。建立在高质量的披露和透明度标准基础上的会计制度，能有效地为投资者提供指导信息，促进市场繁荣。因此，加强会计基础设施的建设是非常必要的。随着互联网金融的发展，以及发展过程中所暴露出的实际问题，越来越多的企业发现信息的不对称、信用信息披露的不完善是阻碍企业扩大业务规模的最大阻力。在此背景下，互联网金融为征信行业的发展提供了广阔的市场，对于完善征信系统、加大信息披露力度、进一步降低由信息不对称所带来的风险，进而健全会计基础设施有积极的作用。

　　互联网金融的发展促进监管基础设施的完善。监管制度是金融基础设施的重要因素之一，构建高效的监管制度，有利于最大限度地发挥监管基础设施的作用，提高金融市场信息效率，保护消费者权益，保持系统稳定。由于互联网金融业务的合法性的界定存在一定的困难，导致部分互联网金融产品游走于合法与非法之间的灰色区域，网络支付平台就有可能成为"帮凶"。例如，与传统金融业务相比，包括二维码支付、虚拟信用卡在内的创新业务，涉及不少新的流程和新的技术，这些创新业务无法受到既有规则的监管，存在一定风险隐患。目前，与互联网金融监管相关的安全技术标准、业务规则及消费者权益保护制度还未完善，监管部门如果仅通过后续"叫停"的方式，容易引起支付机构的强烈反应及社会的强烈反响。互联网金融的发展无疑给金融监管和宏观调控带来了新的挑战。随着互联网金融涉及的金融相关服务范围逐步扩大，直接涉及公众利益，监管部门需要针对互联网金融不同模式的特性及运营方式，对部分模式探索实施审批或者备案制，设立资本金、风险控制能力、人员资格等准入条件，并对同一模式中不同业务种类实行不同标准的差异化准入要求。从消费者角度看，消费者在权益的分配方面处于弱势地位，是互联网金融的主要风险承受载体。金融发展最终应当服务于实体经济，服务于中小微企业和社会的发展，因此监管部门有必要重视消费者权益保护，维护金融市场体系的稳定。可以说，互联网金融的发展直接促进了新的监管政策、措施的出台，从长远来看，有利于加快完善整个监管基础设施的速度。

三、移动互联网与金融加速融合

移动互联网是指互联网的技术、平台、商业模式和应用与移动通信技术结合并实践的活动的总称。移动互联网在给人们带来便利的同时，会受到自身技术和移动终端设备能力的限制。移动互联网金融是传统金融行业与移动互联网相结合的新兴领域，在移动互联网的基础上呈现出社交化、个性化的趋势。目前，常见的移动互联网金融服务包括移动银行、移动支付、移动证券、移动保险等。

移动互联网金融采用智能手机、平板电脑等移动设备，使得传统金融业务具有透明度更高、参与度更高、协作性更好、中间成本更低、操作更便捷等一系列特征。移动互联网金融突破了互联网金融在时间和空间上的局限性，与人们的日常生活更紧密地结合在一起，使人们能够随时随地享受便捷的金融服务。移动互联网在为人们的工作和生活带来极大便利的同时，也会完善传统金融行业。另外，移动互联网金融业逐渐呈现出平台化、社交化、产业化的趋势，在移动端积累的数据对征信体系的建立和完善起到一定的推动作用。

四、大数据服务金融行业

目前，信息技术和移动互联网快速发展、金融业务和服务呈现多样化、金融市场的整体规模不断扩大，使得金融行业的数据收集能力逐步提高，存储了大量时间连续、动态变化的数据。这些大规模的数据经过处理分析之后成为非常有效的信息，为大数据与金融行业的结合奠定了基础。

　　大数据在加强风险管控、精细化管理、业务创新等业务转型中能起到重要作用。一方面，大数据能够提高风险的可控程度和管理力度，支持业务的精细化管理。当前，中国银行业利率市场改革已经起步，利率市场化必然会对银行业提出精细化管理的新要求。另一方面，大数据支持服务创新，能够更好地实现"以客户为中心"的理念，分析客户消费行为模式，可以提高客户转化率，开发出不同的产品，满足不同客户的市场需求，最终实现差异化竞争。

　　大数据在小微企业信贷、精准化营销、网络融资等领域加速推进。目前，大数据应用已经在金融业逐步推广开，并取得了良好的效果，形成了一些较为典型的业务类型，如小额信贷、精准营销、保险欺诈识别、供应链融资等。下表所示是大数据在不同金融行业应用现状的总结：

行业	应用	效果
证券期货	自动化交易	使自动化交易策略的设计可参考更大范围的数据，更好地把握证券期货市场的规律和趋势。
	数据仓库和决策支持系统	有利于提高证券公司的数据分析能力，能帮助证券公司提供更好的客户服务。
银行业	客户个性化营销	帮助银行业切实掌握客户的真实需求并作出快速应对，实现精准营销和个性化服务。
	风险管理	使银行风险管理的能力大幅提高，帮助银行创新风险决策模式，赢得新客户，形成新利润增长点。
	电子商务平台和电子银行	使得银行业获得更加立体的客户数据，了解客户习惯，对客户行为进行预测并提供差异化服务。
保险业	保险产品营销	帮助保险公司完成寻找目标客户、挖掘客户潜在保险需求等任务，使客户营销策略更加精确直接。
	保险欺诈识别	通过数据分析寻找规律，完善欺诈风险信息，有利于保险公司提高识别保险欺诈的数据质量。
	互联网保险	为互联网用户提供安全的网络交易服务，使客户享受个性化服务，同时降低保险公司风险。

续表

行业	应用	效果
互联网金融	网络信贷与网络基金	有效控制贷款风险问题，使非银行业的网络贷款业务与网络基金迅速崛起。

第四节 互联网金融的理论基础

一、产业经济学与互联网金融

（一）互联网金融中的规模经济与范围经济

规模经济和范围经济是产业经济学的两大重要概念。规模经济分为供方规模经济和需方规模经济，供方规模经济指在同一供方内部，单位产品的成本随生产规模扩大而下降；需方规模经济指需方所得的价值随规模扩大而上升。范围经济是指由一个企业同时生产多种相关联的产品的单位成本，小于由多个企业分别生产这些产品时的单位成本的情况。

互联网金融表现出明显的规模经济与范围经济。供方规模经济与互联网的对接，使信息、知识、技术等要素超越在传统经济中居于首位的资本与劳动力要素，打破了边际成本递增、边际收益递减的传统经济学规律。信息经济时代的新要素能够近乎零成本地复制与应用，随着其投入与产出的增加，供方的成本与收益就分别呈现出递减与递增态势。标准化是实现规模经济的前提条件，否则互联网金融服务就需要支付与传统金融服务相当的单位成本。

在互联网上开展保险销售业务是供方规模经济的典型案例，互联网保险销售平台不受线下服务点的限制，成本主要为平台建设投入费用和宣传费用。平台投入运营后，依托计算机系统推行自助业务办理，打通标准化产品生产与流通渠道，实现批量化生产，提供程序化服务，降低边际成本，在增加客户人数的同时不断摊薄刚性成本，并通过动态交易产生大量集成资产，形成供方规模经济，进一步提高互联网保险销售平台的盈利能力。

需方规模经济存在于市场主体的外部，一些互联网货币基金显示出了较强的需方规模经济性。这些互联网货币基金在问世初期，价值并不明显，所对应货币基金的客户数量较少；随后凭借较高的收益吸引客户不断集聚，使边际成本递减的同时也加强了效益示范作用，越来越多的人发现其值得使用。客户数量和产品价值因"正反馈效益"相互助长，当到达客户数量的临界值后，该类经济的规模迎来爆发式增长，价值的增长速度变得非常惊人。网络价值以用户数平方的速度增长，从需方整体角度来看，边际效用递增。

范围经济在互联网金融领域有着众多的体现，如在股权众筹领域，众筹平台新增单个融资方的边际成本很低，那么融资方越多，吸引的投资者越多，平台成本协同节约能力也就越高。又如，第三方支付平台嫁接了手机话费充值、信用卡还款、保险理财、日常生活服务等多元化业务，能吸引更多客户，增加客户黏性；同时，只要妥善解决技术兼容性和安全问题，就能将业务叠加所带来的额外成本控制在较低水平，增加平台收入。

（二）互联网金融中的长尾经济

长尾理论认为，受成本和效率因素的影响，利用商品生产成本及销售成本的优势打开大量利基市场，其共同市场份额可能等于或超过主流市场的市场份额。长尾经济与范围经济都注重品种的增多和协同成本的降低，但前者是就整个市场而言的，包含大量冷门需求，后者则是同一企业内部的长尾经济，且仅限于增加相对热门的品种。

互联网金融居于金融产业的长尾之上，催生出一系列充分满足"普惠金融"需求的产品和服务，提升了金融的便捷性、平等性和开放性。互联网货币基金增加了小额、零散的投资机会，提供了"零门槛"的投资途径，从而开发了一些对手续简便度、额度灵活度十分敏感的尾部客户。互联网微贷公司凭借信息处理优势，全流程、高效率、低成本地把控借款人的信用水平，使微贷业务规模化成为可能，并设置灵活的期限与额度政策，用更人性化、个性化的服务，迅速释放了大量小微借款，甚至是碎片化借款的尾部需求，探索出了一条改善传统金融信贷体系信贷配给困难的新途径。

互联网金融的成本优势是其延伸长尾的基础，降低成本的终极办法就是用可以无限复制和传播的字节处理一切。传统银行应用互联网平台打造直销银行，摆脱了物理网点，突破了时空限制,简化了业务流程,减少了基层人员,改变边际成本-效益关系,而节省下来的成本,以更具吸引力的存款利率和服务费率等形式回馈客户,从而吸引新的客户群体——习惯运用互联网、收入较高、追求简便高效的群体,并进一步增加客户黏性。

二、信息经济学与互联网金融

起源于20世纪60年代的信息经济学以信息不对称为起点,逐渐形成了包括逆向选择与信号传递、委托代理理论与激励机制设计、价格离散理论与信息搜寻理论等内容在内的庞杂的学科体系。如今,信息经济学在互联网金融领域中得到了新的延伸。

(一)互联网金融中的信息不对称理论

信息已经成为金融行业最重要的资源,改变了产业价值链。互联网金融与传统金融最大的区别在于信息处理方面,凭借信息处理优势,互联网微贷正在探索一种解决借贷前后两大信息不对称问题的全新路径。例如,阿里金融基于卖家自愿提供的基本信息,以及阿里系电商平台大量的交易记录所形成的类目庞杂、更新频繁的数据库,自建信用信息体系,信息系统的固定投入较高,但开始使用后,运行成本较低。在贷前,从数据库提取数据,导入信用评估模型,并引入交叉检验技术,将隐性的"软信息"转变为显性的"硬信息",提高了信用水平甄别的精确度;在贷中,分散、无序的信息形成了动态、连续的信息序列,以趋于零的边际成本计算出任何借款人处于动态变化中的动态违约概率及风险定价,为远程监测、实时预警提供了可能;在贷后,电商平台和小额信贷管理系统设有严格的曝光、禁入等违约惩戒措施,从而减少机会主义倾向。

(二)互联网金融中的搜寻理论

存在搜寻行为的广义原因是由信息不对称所导致的"搜索前置";狭义原因是"价格离散",即由于信息在交易双方之间非均衡分布,从而引发同地区、同质量产品出现价格差异,信息搜寻才有利可图,专业化信息服务机构才得以产生。搜寻成本影响着定价和价格离散程度,搜寻成本越高,价格竞争越弱,离散程度越高,搜寻所获收益就越大。目前,互联网信息搜寻效率已达较高水平。互联网使信息在市场中呈现均衡分布,提高了成本与价格的透明度,从而网上商品价格也趋于收敛。与传统金融市场相比,若互联网金融市场搜寻成本的降幅不大，就会失去发展后劲。

以货币基金市场为例，传统市场的搜寻成本较高，信息扭曲较严重，寻找高口碑供方的难度较大，只要低口碑供方凭借降价（即降低利差或手续费）来弥补口碑劣势，高口碑供方受到建立、维护、宣传口碑的成本限制，就不可能占据全部市场。因此，会出现高口碑供方的产品价格和市场份额较高，而低口碑供方的产品价格和市场份额较低的均衡现象，价格竞争较弱，离散程度较高。在互联网市场上，搜寻成本大大降低，高口碑供方更容易被需方选择，供方群体内部将加强价格竞争，均衡时的价格离散程度发生改变，低口碑供方不得不进一步降价，最终可能因产品价格低于成本而难以生存，市场结构发生质变，促成"良币驱逐劣币"的局面。

（三）互联网金融中的声誉机制

声誉机制建立在信息经济学、博弈论基础之上，证明参与人对其他参与人支付函数或战略空间的不完全信息对均衡结果有重要影响。只要博弈重复的次数足够多，合作行为在有限次的重复博弈中就会出现。当进行多阶段博弈时，声誉机制起到很大的作用，上一阶段的声誉往往影响到下一阶段及以后阶段的收益，现阶段良好的声誉意味着未来阶段可获得较高的收益。

不少学者乐于分析声誉机制在借贷市场上发挥的作用。在网络贷款市场上，借款人的借款记录和还款记录是其声誉的主要构成因素。现实中存在借款人凭借小额借款建立"好声誉"后再进行诈骗，一旦留下失信记录后就伪造身份信息重新"入场"的现象。因此，针对网络贷款借款人的声誉机制要想真正生效，必须满足两个基本条件：一是信息高效率、低成本地传播，确保借款人的不良声誉被及时披露和识别，促成集体惩罚；二是信息真实、完整，通过建立信用信息共享系统、接入我国正式的征信系统等，使来自各个网络贷款平台的借款人信息互相补充和校验，构建网上统一联防机制，从而最大限度地提高信息造假的成本，降低信息甄别的难度，切实保障网络贷款双方的合法权益。

三、金融中介理论与互联网金融

（一）金融中介理论概述

金融中介理论是建立在交易成本和信息不对称的基础上的，金融中介的出现能够降低不确定性、交易成本和信息不对称程度。

由于市场上存在着交易成本和信息不对称,金融中介可以利用借贷中规模经济的特点,降低初级证券投资活动中的单位成本。如果没有交易成本、信息成本及市场摩擦性的存在,也就不会有金融中介的存在。金融中介利用技术上的规模经济和范围经济,将分散的个体交易集合起来,节约交易场所、机器设备、人工费用等方面的投入,以降低交易成本。由于跨期交易往往存在不确定性,银行等金融机构既可以为家庭提供防范消费需求遭遇意外流动性冲击的手段,也可通过向投资者提供存款方案来平滑市场风险,进而改善资源配置,提高市场交易效率。

融资方式通常可以分为两种:一是通过商业银行等金融中介的间接融资方式,二是通过金融市场的直接融资方式。根据金融中介理论,金融中介是指在资金融通过程中,在资金供求者之间起媒介或桥梁作用的人或机构,通过金融中介进行的融资是间接融资方式。传统的金融中介如商业银行,在提供支付中介、投融资中介服务的同时,还开发了更为复杂的金融产品,如具有稳定投资回报的理财产品。由于金融中介还同时发挥了价值创造、降低参与成本及风险管理等作用,进一步加深了投资者对金融中介的依赖,提升了其在金融交易市场上的重要性。

技术的进步和金融产品的创新,降低了交易成本和信息不对称程度,伴随着金融市场的逐渐开放,促进了直接融资市场的快速发展。全球通货膨胀的出现,以及对银行体系的利率和业务管制,使得银行体系提供的服务不能满足客户日益增长的高收益和风险管理的需要。"金融脱媒"的浪潮在金融中介与金融市场竞争的过程中出现,使得金融中介的资金来源快速减少,金融中介的重要性开始逐步减弱。

(二)互联网金融对金融中介机构的影响

互联网金融的诞生,加速了"金融脱媒"的进程。互联网金融以大数据、云计算等信息技术为支撑,并且依托移动支付、社交网络,突破了时间和空间限制,简化了金融交易的流程,降低了成本,提高了效率和服务水平。因此,在短时间内赢得了受众的广泛欢迎,取得了快速的发展。

在互联网金融模式中,第三方支付与小微金融需求结合,为商家和消费者提供支付服务,主要影响了传统金融中介的支付功能。第三方支付能够为用户提供便捷的服务,并且相较于传统金融中介,其开展和维护业务的成本更低。随着第三方支付的逐渐发展壮大,其业务范围将逐步扩大,并实现从线上向线下的扩展,对传统金融中介,尤其是商业银行的业务发展产生威胁。

互联网融资平台，主要影响了传统金融中介的融资功能。例如，现代众筹是指通过互联网方式发布筹款项目并募集资金，其募资形式类似于团购，以预约的形式向公众募集资金，采用一对多的形式，多个投资人通过不等的金额投资一个项目，并获得回报。众筹模式作为一种直接融资模式，无须经过金融中介，主要影响了商业银行在小额直接融资市场上发挥的中介作用。

在互联网浪潮的推动下，互联网金融的诞生丰富了金融市场体系。互联网金融在一定程度上改变了原来的金融体系，以高效率执行金融交易，影响着银行等传统金融中介职能的发挥。互联网金融是互联网时代背景下金融中介理论的实践，进一步丰富了金融中介理论。

第二章 互联网金融监管

第一节 明确互联网金融监管原则

作为一种先进的工具，互联网与金融结合带来了很多好处，包括促进金融不断创新、资源高效配置、产品日益丰富、服务有效延伸。与互联网深度融合后，金融服务更加绿色、更加普惠。

作为近年来新兴的金融业态，互联网金融在我国发展迅猛，对普通百姓理财、小微企业融资及国民经济发展产生了深远影响。互联网金融以其低成本、非抵押和便捷的融资模式，丰富了金融市场的层次和产品，有助于破解小微企业融资难问题，助推大众创业、万众创新，提高金融服务的普惠性。然而，互联网金融在带来便捷和效率的同时，也蕴含着更加复杂多变的风险，对金融体系的稳定运行和健康发展带来了挑战。因此，应充分认识互联网金融面临的主要风险，强化监管，防范风险，促进我国互联网金融健康发展。

一、对互联网金融功能和风险特征的判断

研究互联网与金融的结合，判断互联网金融功能和风险特征，应注重以下三点：

第一，互联网金融没有改变金融的功能和本质。余额宝、京东金融等互联网金融平台在业务技术、交易渠道和方式上有所创新，但其主要功能仍然是资金融通、价格发现、支付清算等，并未超越现有金融体系的范畴。互联网金融可能并不会像有些预言那样彻底颠覆现有的金融体系。互联网金融的发展只是又一次充分印证了诺贝尔经济学奖得主罗伯特·默顿（Robert Merton）的功能金融理论。功能金融理论具有两个假定：一是金

融功能比金融机构更加稳定；二是金融功能优于组织机构。

第二，互联网与金融之间并非没有冲突。互联网强调便捷、快速，金融业强调规范；互联网强调创新，金融业强调稳健。互联网金融毕竟是在开展金融活动，其运营管理不能没有风险管控等金融基因。

第三，未来互联网金融的成长具有不确定性，应当避免过度乐观的预期。有些学者认为，互联网金融本身并没有太多的新意，甚至是一个伪命题，只不过是传统金融在互联网技术上的延伸，与电报、电话、计算机在金融业的应用相比，并没有革命性变化。互联网金融能否可持续发展，沿着什么样的路径、以多快的方式影响或改变现有的金融体系，还需要边走边看。1975年，美国《商业周刊》基于当时美国电子支付的蓬勃发展，预言电子支付方式"不久将改变货币的定义"，并将在数年后颠覆货币本身。但直到今天，人们并没有看到货币定义和属性的巨大变化。也许多年以后，人们才能真正判断互联网金融究竟是可持续的业务模式，还是昙花一现；互联网金融究竟是有自生能力的新兴业态，还是必须依附传统金融才能生存；或是二者最终相互融合，实现"基因"重组。

从风险角度看，互联网金融参与者众多，带有明显的公众性，很容易触及法律"红线"，甚至引发系统性金融风险。党中央、国务院高度重视网络平台企业的规范、健康、可持续发展，对加强平台企业金融监管、规范平台经济竞争秩序等作出了一系列重要部署，提出了明确要求。我国金融管理部门，如中国人民银行、国家金融监督管理总局、中国证券监督管理委员会（以下简称中国证监会）、国家外汇管理局等，针对当前网络平台上的企业在从事金融业务中普遍存在的突出问题提出了整改要求，如坚持金融活动全部纳入金融监管，金融业务必须持牌经营；要求支付回归本源，断开支付工具和其他金融产品的不当连接；严控非银行支付账户向对公领域扩张，提高交易透明度，纠正不正当竞争行为；打破信息垄断，严格通过持牌征信机构依法合规开展个人征信业务；严格落实审慎监管要求，完善公司治理，落实投资入股银行保险机构"两参一控"要求，合规审慎开展互联网存贷款和互联网保险业务，防范网络互助业务风险；强化金融消费者保护机制，规范个人信息采集使用、营销宣传行为和格式文本合同，加强监督并规范与第三方机构的金融业务合作等。

互联网金融业务同时混合了多种业务属性，难以清晰界定其监管归属。如何一方面鼓励互联网金融的创新和普惠精神，另一方面有效维护金融稳定和金融秩序，是互联网金融监管模式面临的一大难题。

二、互联网金融下我国金融监管体系面临的挑战

随着互联网金融的快速发展，我国金融监管体系面临不小的挑战，集中体现在以下几个方面：

（一）分业监管体制难以适应互联网金融混业经营趋势

互联网的开放性和虚拟性使得各类互联网金融机构提供的服务日渐趋同，金融业务综合化发展趋势不断加强，金融机构和非金融机构之间的界限趋于模糊，原本的分业监管模式面临越来越多的问题。这表明，分业监管体制难以适应互联网金融混业经营趋势。

（二）基于传统金融制定的法律法规体系有效性减弱

第一，互联网金融监管相关法律法规体系还不够完备，存在薄弱点和空白区。

第二，由于互联网金融活动的特殊性，有些法律法规中的规定无法适用于互联网金融。

（三）互联网金融无序发展可能影响金融宏观调控效果

互联网金融无序发展可能影响金融宏观调控效果，主要表现在以下两点：

1. 影响货币调控效果

在某种程度上，具有较高流动性的网络货币的发行机构具有类似商业银行的货币创造能力，并可在一定程度上改变货币乘数和货币流通速度，这在一定程度上影响了货币调控效果。

2. 影响信贷调控效果

网络融资依赖于企业和个人信用数据、行为数据、经营数据等"软信息"。当经济景气时，企业和个人经营状况较好，反映到"软信息"上较为乐观，融资也相对容易，所获得的资金有可能投向产能过剩行业，增加宏观调控部门逆周期调节的难度。

（四）互联网金融潜在风险可能影响金融稳定、安全

第一，互联网金融高频交易可能产生新的系统性风险。互联网增加了金融市场风险传播的可能性，提高了其传播的速度，扩大了其传播的范围，也提高了交叉传染的概率。

第二，互联网金融对技术管理提出了更高的要求。开放式的网络通信系统、不完善的密钥管理和加密技术、不安全的 TCP / IP（Transmission Control Protocol / Internet Protocol，传输控制/网际）协议，以及计算机病毒、网络金融诈骗等，极易引起交易主体的资金损失。

（五）互联网金融加大反洗钱工作难度

由于互联网金融通过网络完成支付交易，资金流动难以监控，为洗钱活动提供了可乘之机，增加了反洗钱工作的难度。第三方支付机构对用户和交易的审查不够严格，买卖双方只需在平台上注册虚拟账户，通过虚假商品交易，便可将非法资金合法转移。

（六）金融消费权益保护工作压力增大

第一，由信息安全引发的权益保护问题。由于互联网金融交易主体无法现场确认各方合法身份，交易信息通过互联网传输，存在被非法盗取、篡改的风险。

第二，运营过程中产生的权益保护问题。比如，网络融资资金挪用、网络货币贬值或交易商操纵价格及其发行人破产等，都会导致投资者或货币持有者的资金损失。

三、互联网金融监管的国际经验

第一，各国普遍重视将互联网金融纳入现有的法律框架下，强化法律规范，强调行业自律。许多国家强调，互联网金融平台必须严格遵守已有的各类法律法规，包括消费者权益保护法、信息保密法、消费信贷法、第三方支付法规等。这是互联网金融交易运行的重要制度基础。

第二，各国针对本国互联网金融的不同发展情况，采取了强度不同的外部监管措施。澳大利亚、英国等国家采取轻监管方式，对互联网金融的硬性监管要求较少，占用的监管资源也相对有限。

第三，监管手段主要是注册登记和强制性信息披露，以金融消费者和投资者的权益保护为重心。

第四，涉及谁的监管职责就由相应的监管机构负责，往往没有统一的主监管机构。美国第一联合国家银行、美国 PayPal（贝宝）公司就曾分别由银行和证券监管机构负责监管。

第五，少数国家开始尝试评估互联网金融的监管框架，探讨未来监管方向。

四、我国互联网金融监管的原则

我国互联网金融监管总体上应当体现开放性、包容性、适应性，同时坚持市场自律、司法干预和外部监管在内的三位一体的安全网，维护金融体系稳健运行。秉承这样的理念，张晓朴初步提出了互联网金融监管的十二条原则，试图为该领域的发展做出一点贡献。这十二条原则也大体构成了金融创新监管的一个概念性框架。

（一）互联网金融监管应体现适当的风险容忍度

对于互联网金融这样一类新出现的金融业态，监管时要坚持适度原则，过早的、过严的监管会抑制其创新。美国经济学家安德鲁·施莱弗（Andrei Shleifer）认为，任何制度安排都需要在"无序"和"专制"两种社会成本之间权衡。

互联网金融创新必须坚持金融服务实体经济的要求，合理把握创新的界限和力度。因此，互联网金融创新必须以市场为导向，以提高金融服务能力和效率、更好地服务实体经济为根本目的，不能脱离金融监管、脱离服务实体经济抽象地谈创新。

互联网金融中的网络支付应始终坚持为电子商务发展服务，并坚持为社会提供小额、快捷、便民的小微支付服务的宗旨；众筹融资要坚持平台功能，不得变相搞资金池，不得以互联网金融名义进行非法吸收存款、非法集资、非法从事证券业务等。

（二）实行动态比例监管

要想实行动态比例监管，需要进一步厘清相关概念。从松到严，金融监管可以分为市场自律、注册、监督、审慎监管四个层次。除此之外，法律本身也具有规范市场主体行为的监督约束作用，可以视为一种广义的监管。

金融监管部门应当定期评估不同互联网金融平台和产品的风险水平，以及其对经济社会的影响程度，根据评估结果确定监管的范围、方式和强度，实行分类监管。对于影响小、风险低的互联网金融平台和产品，金融监管部门可以采取市场自律、注册等监管方式；对于影响大、风险高的互联网金融平台和产品，金融监管部门可将其纳入监管范围，实行严格监管，从而构建灵活的、富有针对性的与有效性的互联网金融监管体系。对互联网金融平台和产品的监管方式，可根据评估结果动态调整。

（三）原则性监管与规则性监管相结合

在原则性监管模式下，金融监管部门对监管对象应以引导为主，关注最终监管目标能否实现，一般不对监管对象作过多过细要求，较少介入或干预具体业务。而在规则性监管模式下，金融监管部门主要依据成文法规定，对金融企业各项业务内容和程序做出详细规定，强制每个机构严格执行，注重过程控制式监管。

一方面，互联网金融监管必须在明确监管目标的基础上，实现"原则"先行。监管原则应充分体现互联网金融运营模式的特点，给业界提供必要的创新空间，同时指导和约束运营者承担对消费者的责任。另一方面，要在梳理互联网金融主要风险点的基础上，对互联网金融中风险高发的业态和交易制定监管规则，事先予以规范。

此外，要注意原则性监管与规则性监管的结合，这有助于在维护互联网金融的市场活力与做好风险控制之间实现良好平衡，促进互联网金融的可持续发展。

（四）防止监管套利，注重监管的一致性

监管套利是指金融机构利用监管标准的差异或模糊地带，选择按照相对宽松的标准开展业务，以此降低监管成本、获取超额收益。互联网金融提供的支付、放贷等服务与传统金融业相似，如果二者执行不同的监管标准，将引起不公平竞争。

为确保监管有效性，维护公平竞争，在设计互联网金融监管的规则时，应确保两个"一致性"：一是无论是互联网企业还是传统的持牌金融机构，只要其从事的金融业务相同，原则上就应该受到同样的监管；二是对互联网金融企业的线上、线下业务的监管应当具有一致性。

（五）关注和防范系统性风险

互联网金融的发展对于系统性风险的影响具有双重性，这应当是金融监管部门关注的重点。一方面，通过增加金融服务供给，提高资源配置效率，推进实体经济可持续发展等，互联网金融的发展有助于降低系统性风险。另一方面，互联网金融也可能会增加系统性风险。互联网金融准入门槛低，可能使非金融机构短时间内大量介入金融业务，降低金融机构的特许权价值，增加金融机构冒险经营的动机。

互联网金融的信息科技风险突出，其独有的快速处理功能，在快捷提供金融服务的同时，也加快了相关风险积聚的速度，极易形成系统性风险。互联网金融创新应服从宏观调控和金融稳定的总体要求。

此外，某些业务模式尚存在流动性风险隐患。例如，互联网直销基金1周7天、1天24小时都可以交易，但货币市场基金有固定交易时间。

包括互联网金融在内的一切金融创新，均应有利于提高资源配置效率，有利于维护金融稳定，有利于稳步推进利率市场化改革，有利于中国人民银行对资金流动性的调控，避免因某种金融业务创新导致金融市场价格剧烈波动，增加实体经济融资成本，也不能因此影响银行体系流动性转化，进而降低银行体系对实体经济的信贷支持能力。

（六）全范围的数据监测与分析

及时获得足够的信息，尤其是数据信息，是理解互联网金融风险全貌的基础和关键，也是避免监管漏洞，防止出现监管黑洞的重要手段。客观上，大数据为实施全范围的数据监测与分析，加强对互联网金融风险的识别、监测、计量和控制提供了手段。

为此，金融监管部门需要基于行业良好实践，提出数据监测与分析的指标定义、统计范围、频率等技术标准。在数据监测与分析机制的建设过程中，应注意保持足够的灵活性，在定期评估的基础上持续完善，以及时发现新风险。

（七）严厉打击金融违法犯罪行为

在重视互联网金融的创新精神和普惠性的同时，必须及时惩治各类金融违法犯罪行为。互联网金融发展良莠不齐，少数互联网企业在运营中基本没有建立数据的采集和分析体系，而是披着互联网的外衣不持牌地做传统金融，甚至挑战了法律底线。

为此，必须不断研究互联网金融模式的发展演变，划清各种商业模式与违法犯罪行为的界限，依法严厉打击金融违法犯罪行为，推动互联网金融健康有序发展。同时与时俱进地修改部分法律条款。

（八）加强信息披露，强化市场约束

信息披露是指互联网金融企业将其经营信息、财务信息、风险信息、管理信息等告知客户、股东等。准确充分的信息披露框架，一是有助于提升互联网金融行业整体和单家企业的运营管理透明度，使市场参与者对互联网金融业务及其内在风险进行有效评估,以便发挥好市场的外部监督作用。二是有助于增强金融消费者和投资者的信任度,奠定互联网金融行业持续发展的基础。三是有助于避免金融监管部门因信息缺失、不了解行业经营和风险状况等,而出台过严的监管措施,抑制互联网金融的发展。

加强信息披露的落脚点是以行业自律为依托,建立互联网金融各细分行业的数据统计分析系统,并就信息披露的指标定义、内容、频率、范围等达成共识。当前,提升互联网金融行业透明度的抓手是实现财务数据和风险信息的公开透明。

(九)互联网金融企业与金融监管部门之间应保持良好、有建设性的沟通

互联网金融企业与金融监管部门之间应保持良好、顺畅、有建设性的沟通,这是增进理解、消除误会、达成共识的重要途径。

一方面,互联网金融企业应主动与金融监管部门沟通,努力使双方就业务模式、产品特性、风险识别等行业发展中的难题达成共识。特别是对法律没有明确规定、拿不准的环节,互联网金融企业更要及时与相关部门沟通,并在此过程中,推进行业规则逐步健全。

另一方面,具有建设性的沟通机制有助于推动金融监管部门按照激励相容的原则设计监管规则,符合互联网金融企业在运营和内部风险管理等方面的特殊要求,从而使监管要求与行业内部风险控制要求一致,降低合规成本。

(十)加强消费者教育和消费者保护

强化消费者保护是金融监管的一项重要目标,也是许多国家互联网金融监管的重点。各相关部门应引导消费者厘清互联网金融业务与传统金融业务的区别,推动公众了解互联网金融产品的性质,使公众提升风险意识。

互联网金融企业开办各项业务,应有充分的信息披露和风险揭示。任何机构不得以直接或间接的方式承诺收益,误导消费者。开办任何业务,均应对消费者权益保护作出详细的制度安排。

在此基础上,互联网金融企业应努力维护放贷人、借款人、支付人、投资人等金融消费者的合法权益。此外,互联网金融企业应注重消费者信息的保密工作,维护消费者信息安全;金融监管部门依法加大对侵害消费者各类权益行为的监管和打击力度。针对第三方支付中消费者面临的交易欺诈、资金被盗、信息安全得不到保障等问题,金融监

管部门应有针对性地加强风险提示,及时采取强制性监管措施。

(十一)强化行业自律

相比于政府监管,行业自律的优势在于作用范围和空间更大、效果更明显、自觉性更强。今后一段时期,互联网金融行业的自律程度、行业发展的有序或无序在很大程度上影响着金融监管部门监管的强度,从而也影响着整个互联网金融行业的发展。

为此,互联网金融行业的大型机构必须发挥示范引领作用,积极推进行业内部自我约束机制的构建,处理好政府监管和自律管理的关系。互联网金融行业的大型机构在建立行业标准、服务实体经济、服务社会等方面,应起到模范带头作用。

中国互联网金融协会应当在引导行业健康发展方面,应积极发挥自己在行业的影响力。

(十二)加强监管协调

互联网金融横跨多个行业和市场,交易方式广泛、参与者众多。因此,要想有效控制风险的传染和扩散,离不开有效的监管协调。金融监管部门可以通过已有的金融监管协调机制,加强跨部门的互联网金融运营、风险等方面的信息共享,沟通和协调监管立场。

在市场经济条件下,公平竞争是保证市场对资源配置起决定性作用的必然要求。互联网金融机构在线上开展线下的金融业务,必须遵守线下现有的法律法规,必须遵守资本约束机制,不允许存在提前支取存款或提前终止服务而仍按原约定期限利率计息或收费标准收费等不合理的合同条款。互联网金融机构应遵守《中华人民共和国反不正当竞争法》,不得利用任何方式诋毁竞争者。

金融监管部门应以打击互联网金融违法犯罪为重点,加强与司法部门的协调合作;以维护金融稳定,守住不发生区域性、系统性金融风险底线为目标,加强与地方政府之间的协调与合作。

需要说明的是,以上各条原则各有侧重,不同原则之间并非完全一致,这些原则的同时实现并不容易。

第二节 协调互联网金融机构监管

互联网金融机构监管的隐含前提是，可以对互联网金融机构进行分类，并且同类机构从事类似业务，产生类似风险，适用于类似监管。但部分互联网金融活动已经出现了混业经营的特征。在这种情况下，就需要根据互联网金融机构具体的业务、风险，从功能监管角度制定监管措施，并加强监管协调。

一、互联网金融机构监管

根据各种互联网金融机构在支付、信息处理、资源配置上的差异，互联网金融机构主要可分成四种类型：第一，金融互联网化，包括网络银行、手机银行、网络证券公司、网络金融交易平台、金融产品的网络销售等；第二，移动支付与第三方支付；第三，基于大数据的网络贷款；第四，众筹融资。

（一）对金融互联网化、基于大数据的网络贷款的监管

首先，在金融互联网化方面，网络银行、手机银行、网络证券公司、网络保险公司和网络金融交易平台等主要体现互联网对银行、证券公司、保险公司和交易所等物理网点和人工服务的替代。基于大数据的网络贷款，不管是以银行为载体，还是以小额贷款公司为载体，主要是改进贷款评估中的信息处理环节。与传统金融中介和市场相比，这些互联网金融机构在金融功能和风险特征上没有本质差异，所以针对传统金融中介和市场的监管框架和措施都适用于互联网金融机构，但需要加强对信息科技风险的监管。

其次，对金融产品的网络销售，监管重点是保护金融消费者的合法权益。

（二）对移动支付与第三方支付的监管

首先，对移动支付和第三方支付，我国已经建立起一定的监管框架，包括《中华人民共和国反洗钱法》《中华人民共和国电子签名法》《关于规范商业预付卡管理意见》等法律法规，以及中国人民银行公布的《非金融机构支付服务管理办法》《支付机构预

付卡业务管理办法》《支付机构客户备付金存管办法》《银行卡收单业务管理办法》等规章制度。

其次，对以余额宝为代表的"第三方支付+货币市场基金"合作产品，鉴于可能的流动性风险，可参考美国2008年国际金融危机后对货币市场基金的监管措施：

第一，要求这类产品如实向投资者揭示风险，避免投资者形成"货币市场基金永不亏损"的错误预期。《证券投资基金销售管理办法》对此有明文规定。

第二，要求这类产品如实披露头寸分布信息（包括证券品种、发行人、交易对手、金额、期限、评级等维度，不一定是每个头寸的详细信息）和资金申购、赎回信息。

第三，要求这类产品满足平均期限、评级和投资集中度等方面的限制条件，确保有充足的流动性储备来应对压力情景下投资者的大额赎回。

（三）对众筹融资的监管

目前，在我国鉴于证券法规对投资人数的限制，众筹融资更接近"预售+团购"，不服务中小企业的股权融资，但也不会产生很大金融风险。将来，如果允许众筹融资以股权形式给予投资者回报，就需要将众筹融资纳入证券监管。

二、互联网金融的监管协调

目前，我国采取银行、证券、保险"分业经营，分业监管"框架，同时金融监管权高度集中。但部分互联网金融活动已经出现了混业经营的特征。比如，在金融产品的网络销售中，银行理财产品、证券投资产品、基金、保险产品、信托产品完全可以通过同一个网络平台销售。

以余额宝为代表的"第三方支付+货币市场基金"合作产品同时涉足支付业和证券业，在一定的意义上还涉及广义货币创造。另外，互联网金融机构大量涌现，规模小而分散，业务模式层出不穷，统一的中央金融监管可能难以满足需求。

将互联网金融机构的牌照发放、日常监管和风险处置责任，在不同政府部门［主要是"一行两会"与中华人民共和国工业和信息化部，"一行两会"指中国人民银行、中国银行保险监督管理委员会（现为国家金融监督管理总局）、中国证监会］之间如何分担，在中央与地方政府之间如何分担，是非常复杂的问题。为进一步加强金融监管协调，保障金融业稳健运行，经国务院同意，建立金融监管协调部际联席会议制度。金融监管协调部际联席会议制度的职责和任务为货币政策与金融监管政策之间的协调，金融监管政策与法律或法规之间的协调，维护金融稳定和防范化解区域性、系统性金融风险的协调，交叉性金融产品、跨市场金融创新的协调，金融信息共享和金融业综合统计体系的协调，以及国务院交办的其他事项。这实际上为互联网金融的监管协调搭建了制度框架。

互联网金融监管要把握以下五个要点：

（一）监管的必要性

金融管理部门要始终坚持发展和规范并重，支持和促进互联网金融企业守正创新、行稳致远。一方面，牢牢坚持"两个毫不动摇"，依法保护产权，弘扬企业家精神，激发市场主体活力和科技创新能力，促进互联网金融企业不断提升金融服务质量，巩固和增强国际竞争力；另一方面，坚持从严监管和公平监管，对各类违法违规金融活动"零容忍"，保障数据产权及个人隐私，坚决维护公平竞争的金融市场秩序。

（二）监管的一般性

对互联网金融而言，金融风险和外部性等概念仍然适用，侵犯金融消费者权益的问题仍然存在。因此，互联网金融监管的基础理论与传统金融没有显著差异，审慎监管、行为监管、金融消费者保护等主要监管方式同样适用于互联网金融监管。

（三）监管的特殊性

互联网金融的信息技术风险更为突出，"长尾"风险使金融消费者的权益保护尤为重要。

（四）监管的一致性

互联网金融机构如果实现了类似于传统金融机构的功能，就应该接受与传统金融机构相同的监管。不同的互联网金融机构如果从事了相同的业务，产生了相同的风险，就应该受到相同的监管。

（五）监管的差异性

对不同类型的互联网金融机构，要在风险识别的基础上分类施策，但在涉及混业经营的领域要加强监管协调。

在金融监管体制改革中,要切实保护金融消费者的合法权益,包括保护金融消费者的隐私、提高金融基础设施和金融系统的安全性,以及加强对消费者的教育,使其能够更好地保护自身权益。

三、健全我国互联网金融监管体系

为了应对上述挑战,在鼓励互联网金融发展的同时,需要健全我国互联网金融监管体系,以促进互联网金融的健康成长。

（一）构建有效的横向合作监管体系

根据互联网金融所涉及领域,建立以监管主体为主,相关金融、信息、商务等部门为辅的监管体系,明确监管分工及合作机制。

一是对于银证保（由银行、证券公司、保险公司合作开展的一种综合金融服务）机构基于互联网的金融服务,"一行两会"可在坚持分类监管的总体原则下,通过建立和完善相应的制度法规,实施延伸监管。

二是对于网络支付,中国人民银行作为支付系统的主要建设者、行业标准的制定者,以及法定货币的发行、管理机构,理应承担第三方支付、网络货币的主要监管责任。而基于支付机构衍生出来的基金、保险、理财产品等,中国人民银行可与中国证监会、国家金融监督管理总局一道,形成对支付机构的功能监管体系。

三是要明确网络借贷和众筹融资监管主体。网络借贷具有跨地区特征,中国人民银行在支付清算、征信体系方面具有监管和信息优势,建议由中国人民银行牵头监管;众筹融资属于股权融资,可以由中国证监会牵头监管。

（二）尽快出台相关法律法规

一是要完善互联网金融的法律体系,加强适应互联网金融的监管和风控体系立法,明确监管原则和界限。

二是要完善与互联网金融发展相关的基础性法律,如个人信息保护、信用体系、电子签名、证书管理等法律规范。

三是要加快互联网金融技术部门规章和国家标准制定，由于互联网金融涉及的技术环节较多，如支付、客户识别、身份验证等，应协调相关部门出台或优化相关制度，启动相应国家标准制定工作。

四是要尽快对网络信贷等互联网金融新业态构建全面规范的法律法规体系，明确网络借贷机构的性质和法律地位，对其组织形式、资格条件、经营模式、风险防范和监督管理等作出法律规范。

（三）加强门槛准入和资金管理

一是严格限定准入条件，提高互联网金融准入门槛。

二是加强网络平台资金管理。借鉴温州金融改革模式，建立网络借贷登记管理平台，借贷双方均须实名登记认证，保障交易的真实性。

三是规定互联网金融企业资金必须通过商业银行进行资金托管，对包括资金发放、客户使用、还款情况等进行跟踪管理，建立资金安全监控机制，监测风险趋势。

（四）推进互联网金融监测和宏观调控工作

一是中国人民银行可将网络融资纳入社会融资总量，要求网络融资平台报送有关数据报表，建立完善的网络融资统计监测指标体系。

二是加强对网络借贷资金流向的动态监测，强化对贷款利率的检查，并对网络借贷平台适当加强窗口指导，合理引导社会资金的有效流动。

三是对网络货币交易开展监测。目前国内网络货币大部分属于封闭型货币，随着信息技术发展，网络货币受市场需求推动必将全面扩充升级，有必要及时跟踪分析网络货币的发展及影响，尤其是监测网络货币的使用范围。

四是按照特定非金融机构的反洗钱监管要求，将网络融资平台公司、网络货币交易商纳入反洗钱监管。

（五）加快社会信用体系建设

要降低互联网金融虚拟性带来的风险，必须加快社会信用体系建设，健全企业和个人信用体系，大力发展信用中介机构，建立支持新型互联网金融发展的商业信用数据平台，推动信用报告网络查询服务、信用资信认证、信用等级评估和信用咨询服务发展。

（六）加强互联网金融消费权益保护工作

一是制定专门的互联网金融消费权益保护办法，对交易过程中的风险分配和责任承担、机构的信息披露、消费者个人信息保护等作出明确规定。

二是成立以"一行两会"为基本架构的互联网金融消费者保护体系，以解决相应金融纠纷。此外，还要加强互联网金融消费者的教育。

三是组织互联网金融的行业协会开展行业自律工作，促进整个行业规范发展。

四、互联网金融协会成为自律标杆

近年来，以互联网支付、网络借贷、股权众筹融资等为代表的互联网金融快速发展。与此同时，互联网金融行业内一些违规、违法的现象也时有发生，有些甚至打着"互联网金融"的幌子进行非法集资、金融诈骗等违法犯罪活动，而近期爆发的一系列风险事件，更是给行业带来了不少负面影响。因此，业界对于互联网金融行业的自律、监管的呼声也越来越高。

中国互联网金融协会是按照《关于促进互联网金融健康发展的指导意见》要求，由国家有关部委组织建立的国家级互联网金融行业自律组织。2015年12月31日，经国务院批准，中华人民共和国民政部通知中国互联网金融协会准予成立。2016年3月25日，中国互联网金融协会在上海黄浦区召开成立会议暨第一次全体会员代表大会。第一次全体会员代表大会审议和表决通过了《中国互联网金融协会章程》《中国互联网金融协会会员管理办法》《中国互联网金融协会会费管理办法》等基础制度，签署了《中国互联网金融协会会员自律公约》《互联网金融行业健康发展倡议书》。

中国互联网金融协会的成立得到了党中央、国务院的高度重视，是我国行业协会脱钩改革后第一个承担特殊职能的全国性行业协会，为建立全国性行业协会、商会登记体制做出了有益的探索。该协会旨在通过自律管理和会员服务，规范从业机构市场行为，保护行业合法权益，推动从业机构更好地服务社会经济发展，引导行业规范健康运行。

中国互联网金融协会会员单位包括银行、证券、保险、基金、期货、信托、资产管理、消费金融、征信服务，以及互联网支付、投资、理财、借贷等机构，还包括一些承担金融基础设施和金融研究教育职能的机构，基本覆盖了互联网金融的主流业态和新兴业态。

中国互联网金融协会职责如下：

第一，组织、引导和督促会员贯彻国家关于互联网金融的相关政策方针，遵守相关法律法规，以及监管部门发布的规章和规范性文件，规范经营行为。

第二，制定并组织会员签订、履行行业自律公约，提倡公平竞争，维护行业利益。沟通协商、研究解决互联网金融服务市场存在的问题，建立争议、投诉处理机制，以及对违反协会章程、自律公约的处罚和反馈机制。

第三，协调会员之间、协会及其会员与政府有关部门之间的关系，协助主管部门落实有关政策、措施，发挥桥梁纽带作用。

第四，组织开展行业情况调查，制定行业标准、业务规范，提出本行业中长期发展规划的咨询建议。

第五，收集、汇总、分析、定期发布行业基本数据，开展互联网金融领域综合统计监测和风险预警，并提供信息共享及咨询服务。

第六，研究互联网金融行业创新产品和创新业务等。

综上可知，中国互联网金融协会对促进行业自律监管具有重要意义。

过去的多年里，互联网金融蓬勃发展，风起云涌，形形色色的协会纷纷成立，这些协会有全国性的，有地方性的。从地方金融协会来看，网贷平台积极加入此类协会的意愿强烈，然而此类协会能否有能力解决地域性、专业性问题仍有待考察。

目前中国互联网金融协会对会员的自律管理，坚持表彰奖励、批评处分相结合的原则。会员为协会的发展做出突出贡献的，协会将给予公开表彰、评比推优等。如有会员违反法律规范、协会章程及自律规则，协会将对会员做出相应惩戒。

中国互联网金融协会将建立会员诚信档案制度，会员受到协会奖励和处分的信息，将被记入诚信档案。协会与其他相关行业协会将建立信息共享机制，及时通报相关金融行业会员的奖励及处分信息。

然而，互联网金融业的规范工作任重而道远，互联网金融企业需要加强自身风险管理，严于自律，合法合规发展，保护投资者合法权益。

互联网金融是金融业中非常活跃的因素，也是金融业的大势所趋。互联网丰富的金融业态，如互联网支付、众筹融资、互联网基金销售、互联网保险、互联网信托和互联网消费金融等，与传统金融一起构成了金融市场的生态多样性，满足小微企业、中低收入阶层的投融资需求，提升金融服务质量和效率。因此，充分认识互联网金融面临的主要风险，强化监管，防范风险，是很有必要的。

互联网金融行业发展到如今，需要一个行业的组织者对行业组织展开风控工作，明确行业准入标准、业内企业及从业者自律要求、行业风险与对策等。目前各地为了维护互联网金融行业的良性发展，民间自发成立以地域为主的互帮互助协会，但是由于以地域为基础，具有一定局限性。例如，有些地方采取粗暴监管方式，禁止注册投资类企业，或出于维稳考虑，禁止民营准金融机构正常营业。这些都不是真正的监管。

由于金融风险不同于其他风险，会有滞后效应，现在社会对互联网金融仍有各种各样的质疑声音，很多网贷平台对自身缺乏清晰的认识。作为金融行业，不可能抵抗经济周期，必须提供一定的保障，要严控坏账率。

除金融监管部门的监管外，互联网金融企业的自律和监管都是行业发展不可缺少的部分。互联网金融业态复杂，对监管提出了更高的要求。如果说金融监管部门的政策法规是"国法"，那么中国互联网金融协会的规章制度就是"家规"。中国互联网金融协会希望能够促进会员单位与监管部门之间的沟通，同时推动信息披露与信息共享。

为规范互联网金融从业机构行为，维护市场秩序，防范系统性风险，保障中国互联网金融协会会员和金融消费者合法权益，树立服务经济社会发展的正面形象，营造诚信规范发展的良好氛围，贯彻落实《关于促进互联网金融健康发展的指导意见》，根据《中国互联网金融协会章程》，中国互联网金融协会全体会员经协商达成共识，制定《中国互联网金融协会会员自律公约》，并承诺共同遵守。

《中国互联网金融协会会员自律公约》规定，会员自律的基本原则是依法合规、诚实守信、科学创新、防范风险、公平竞争、团结协作、自我约束、健康发展。会员应严格遵守国家相关政策和法规制度，自觉贯彻协会章程、自律规则和其他有关规定，不得损害国家利益、社会公共利益、行业利益和金融消费者合法权益。

《中国互联网金融协会会员自律公约》还规定，会员开展业务创新，应当以依法合规为前提，以风险防控为原则；会员应完善公司治理和内控制度，自觉担负风险管理责任；会员应主动履行金融消费者权益保护义务；会员应保障客户资金账户安全，防范资金账户风险；会员应严格履行反洗钱义务，防范洗钱和恐怖融资风险；会员应强化IT基础设施和技术安全保障设施建设；会员应自觉营造合法、公平、有序竞争的良好环境，不得采用不正当手段进行市场竞争，会员之间发生争议时，要采取合法手段，通过协会调解及其他金融领域争议解决机制化解分歧；会员应建立信息沟通与共享机制，及时向协会反映市场信息与行业情况，报送业务数据和信息，共同推动建设权威、可靠的互联网金融行业信息服务平台，为行业管理和市场发展提供支持；会员应积极参与国际合作和交流，主动参与同行业相关国际条约和协定的制定，自觉遵守我国签署的国际规则；会员应自觉接受社会各界的监督和批评，共同抵制和纠正行业不正之风。

2018年6月14日，中国互联网金融协会制定《互联网金融从业机构营销和宣传活动自律公约（试行）》。《互联网金融从业机构营销和宣传活动自律公约（试行）》所称的互联网金融从业机构营销和宣传活动自律，是指从业机构在遵守法律规定、遵循政策引导、符合监管要求、践行社会主义核心价值观的基础上，以行业应有的营销和宣传行为规范或活动准则为标准，进行营销和宣传活动的自我约束和自我管理。

《互联网金融从业机构营销和宣传活动自律公约（试行）》规定，从业机构应当接受协会依照本公约开展的自律管理，并配合调查，提供证据材料，澄清事实。

第三节 完善金融消费者保护办法

一、互联网金融消费者的八大特点

互联网金融的发展是大势所趋。然而，互联网金融在我国虽有一定发展，但无论是法律法规还是监管标准均需要完善。因此，要在鼓励发展的同时健全我国互联网金融监管体系，促进互联网金融的健康成长。

近年来，"一行两会"先后设立金融消费者权益保护专门机构，在各自职责范围内开展工作，取得了初步的成效，但是距构建完备的金融消费者权益保护体系仍有较大差距，特别是在互联网金融消费者权益保护领域较为薄弱。在互联网环境中，信息采集、传播的速度和规模达到空前的水平，过量化、复杂化、非对称性的信息使得消费者识别有效信息的难度大大增加，消费者的知情权受到挑战。此外，网络安全隐患使得消费者各类交易信息如身份信息、账户信息、资金信息等在互联网传输过程中存在被非法盗取、篡改的风险，直接影响到消费者的金融隐私权。

《中国人民银行金融消费者权益保护实施办法》指出，金融消费者是指购买、使用银行、支付机构提供的金融产品或者服务的自然人。因此，在金融消费者权益保护工作的推进过程中，要高度重视互联网金融领域，建立健全互联网金融消费纠纷解决机制，强化对金融消费者，特别是互联网金融消费者的教育，进一步加强征信体系建设，完善信息披露制度，构建良好的互联网金融市场环境。

互联网金融消费者的八大特点如下：

（一）"等不起"的消费者

"零存整取"曾经是一个时代的特征，有的消费者每个月拿到工资就去银行存起来，从年初到年底绝对不会取出来花掉它。现在是提前消费时代，有的消费者发了工资后既想着用钱生钱，也想随时变现消费，不再让钱锁在银行里不动，所以"互联网宝宝"类产品盛行。再比如网点排队取号，在当年解决网点排队难的问题时还是一种非常受欢迎的创新方式。而在今天，人们的时间以分秒计算，消费者更倾向于在线办理，或者上门服务，如果一定要去实体网点，也不希望等待，甚至希望立等可取。普通线下货币基金产品资金赎回到账时间一般为1~3天，有些产品资金甚至要5天才能到账，这也使得视效率为生命的投资者们大呼"等不起"。

（二）"没有经验"的手机支付

手机作为移动金融的媒介，已逐渐改变人们在传统的线下机构、线上金融交易的行为和习惯，移动金融逐渐融入人们的生活。人们生活中所使用的支付方式，都是由大额低频支付和小额高频支付组成的。

手机支付不再依附于用户对电脑的使用经验与金融交易经验，消费者借助手机即可交易，方便快捷。

（三）接受不完美的新金融服务

微信支付、支付宝支付的用户界面、功能并非完美的，这与互联网"即用即体验即进化"的精神有关。当一种支付工具与已有的生活工具连接到一起的时候，人们会更习惯用这样的方式处理生活中高频发生的事情，所以微信支付工具已经被绝大多数用户熟知并使用。因此，消费者要学会接受不完美的新金融服务。

（四）"逐利"的70后、80后的消费者

一直以来，外界对互联网金融的猜想是为90后、00后的消费者而生的，而现实中

这一领域已经在发展中不断细分。例如，有针对低收入者的移动金融，多用于购买游戏币、下载视频等，还有针对白领、专业人才、金领、企业拥有者这一社会中坚阶层的网络投资。

虽然互联网金融标榜最低 100 元便可以投资，但多数消费者是因为受到强大的利益吸引而参与进来的。因此，互联网金融市场是 70 后、80 后等共同活跃的市场。

（五）喜欢分享的投资者

由于涉及私密信息与资金安全，早期的 PC 端网上银行用户只能在自有知识框架下独立完成金融交易。现在的"互联网宝宝"类产品，具有产品单一、收益表达简单、多种移动端可显示产品动态等特点，使投资分享变得更加自然和便利，在一定程度上加大了用户之间的互动推广力度。

（六）渐趋理性的投资者

对比资本市场的投资收益率而言，互联网金融投资者对利益的追求已经趋于理性，他们认为投资比投机更重要。

（七）富有研究精神的投资者

许多消费者甚少查看传统金融机构的理财产品说明、保险产品说明、各种金融协议等，但是绝大多数购买互联网货币基金的投资者都会仔细研究产品服务条款和协议，同时有近半数的投资者还对产品业绩排名非常关注。

（八）虚拟的金融需要真实的"卷入"式教育

当前，所有互联网金融产品的供应商都在共同培育金融消费者，让更多的消费者拥有真实的体验，这往往比任何一个机构去单独做消费者培训、知识普及更有效果。

互联网金融产品的同质化在某种程度上并不是坏事。同质化是一种产品成熟的标志，说明市场已经有了足够大的规模，这时候的消费者通过反复对比，了解投资的利弊，让市场主体形成诞生下一个新产品、新业态的动力和压力。

未来的新金融主体，毫无疑问是属于那些敢于细分、敢于场景化的企业，它们清楚地知道，产品创新不是创造一个从未问世过的产品，而是从用户对金融的认知基础出发，基于用户特定金融服务的特殊需求，深入理解陷入互联网生活的用户思维习惯，并根据行业生态圈对金融行业的态度和定位决定的。未来的互联网金融市场，将是一个不再被垄断的、多元化发展的市场。

二、互联网金融领域消费者权益保护方面的挑战

互联网金融领域消费者权益保护方面的挑战主要集中于信息安全隐患大、资金安全难保障、消费者维权意识淡薄且维权成本高三方面。为不断加大互联网金融领域消费者权益保护力度，需加强信息安全立法，规范准入门槛，在提升风控要求基础上充分发挥市场力量，提高市场主体保护消费者权益的自觉性和主动性，唤醒消费者维权意识并降低消费者维权成本。

我国消费者权益保护，长期以来主要针对传统线下领域。《中华人民共和国消费者权益保护法》第二十八条规定："采用网络、电视、电话、邮购等方式提供商品或者服务的经营者，以及提供证券、保险、银行等金融服务的经营者，应当向消费者提供经营地址、联系方式、商品或者服务的数量和质量、价款或者费用、履行期限和方式、安全注意事项和风险警示、售后服务、民事责任等信息。"第四十四条规定："消费者通过网络交易平台购买商品或者接受服务，其合法权益受到损害的，可以向销售者或者服务者要求赔偿。网络交易平台提供者不能提供销售者或者服务者的真实名称、地址和有效联系方式的，消费者也可以向网络交易平台提供者要求赔偿；网络交易平台提供者作出更有利于消费者的承诺的，应当履行承诺。网络交易平台提供者赔偿后，有权向销售者或者服务者追偿。网络交易平台提供者明知或者应知销售者或者服务者利用其平台侵害消费者合法权益，未采取必要措施的，依法与该销售者或者服务者承担连带责任。"

虽然上述条款涉及了互联网金融领域消费者的一些规定，但难以覆盖诸多棘手问题。如何在互联网金融条件下有效地保护金融消费者的权益，是需要深入研究的问题。

（一）消费者信息安全存在巨大隐患

1.互联网金融企业及其员工销售客户身份和交易信息的风险隐患较大

人们在互联网金融平台注册，需留下姓名、身份证号、手机号码、家庭电话、邮箱等信息，甚至还需留下银行卡账户信息、有效身份证件照片等敏感信息，同时，发生的所有金融交易，均以数据形式储存在互联网金融企业数据库中。

上述信息在市场上可转化为实实在在的经济效益，故存在巨大潜在市场需求。有些互联网金融公司将这些信息卖给其他企业做数据挖掘，以分析消费者的行为特征，或卖给不法分子，进一步侵犯消费者的合法权益，这都是不合法的。

如果缺乏必要监管和合理约束，作为理性经济人的互联网金融市场主体或其内部员工，极有可能会出售上述信息。尤其是在产品同质化现象异常严重且彼此间价格战、恶性竞争盛行的当下，互联网金融企业如果缺乏有效监管和必要约束，难保部分互联网金融企业及其员工不去出售自身掌握的客户身份和交易信息，以谋取经济利益。

2.互联网金融平台的风险敞口较大

互联网金融平台依托互联网开展业务，互联网金融平台保存的客户身份和交易信息蕴含巨大市场价值，这进一步增加了互联网金融平台被黑客攻击的概率。

（二）互联网金融领域消费者资金损失的风险敞口较大

1.互联网金融准入的低门槛，增加了消费者资金损失的概率

互联网金融自身的高风险性决定了资质差、运营不良、风控落后的互联网金融企业必然会被市场迅速淘汰，这些企业的淘汰必将直接导致客户资金的损失。由于互联网金融企业的准入门槛较低，不乏部分别有用心者以骗取投资者资金为目的注册互联网金融平台，或部分互联网金融企业为了吸引资金，而故意欺瞒消费者，并夸大宣传产品收益，从而导致消费者资金受损。

2.互联网金融消费者账户资金被盗的风险隐患较大

第一，互联网交易的非面对面属性，使互联网金融消费者资金安全风险明显增大。通过互联网支付渠道，犯罪分子可非面对面窃取受害人账户资金。

第二，互联网交易的跨地区甚至跨境属性，增大了对互联网金融犯罪调查打击的难度。

（三）消费者维权意识淡薄，且维权成本较高，导致侵权行为的泛滥

1.消费者维权意识淡薄，导致侵权行为的泛滥

有的消费者对自己的身份和交易信息泄露不以为意，甚至根本意识不到需通过法律等渠道维护自身合法权益；有的消费者遭遇侵权事件后，自认倒霉、吃哑巴亏，或在权衡涉案金额和维权成本后放弃维权等。上述因素，看似仅影响受害者个人，其实影响了

整个社会。当侵权行为得不到应有惩戒时,侵权者不仅意识不到自己行为的危害,而且还觉得侵权行为有利可图,这必然再刺激其进一步实施侵权行为。同时,这也使更多人从事相同或类似侵权行为。消费者维权意识淡薄,将导致自身合法权益被侵害,也使更多消费者的合法权益受到侵害。

2.维权成本较高导致诸多消费者放弃维权

在互联网金融领域,发生消费者权益被侵犯事件时,由于服务提供商和消费者通常位于不同城市,消费者赴服务提供商所在地进行维权的经济成本和机会成本,相比线下金融自然要高许多,这就大幅增加了互联网金融消费者维权的难度。同时,在互联网金融领域,所有证据均以电子形式保存,其法律效力究竟如何、是否被别有用心的互联网金融企业恶意篡改,也尚无定论,这使互联网金融消费者的维权困难进一步增加。即使维权上升到司法层面,一方面,因在犯罪行为发生地和犯罪结果发生地的界定上存在诸多模糊地带,导致案件管辖权在诸多情况下模棱两可,使消费者的维权常常陷于尴尬处境。另一方面,在互联网金融消费的举证责任方面,消费者也明显处于弱势地位,因为消费者难以证明某笔交易不是本人操作,或证明互联网金融企业在导致资金损失中存在明显过失,这进一步增加了互联网金融消费者通过司法渠道维护自身合法权益的难度。

三、健全互联网金融领域消费者权益保护体系的对策

(一)加强信息安全立法,加大消费者信息安全保护力度

1.明确互联网金融企业保护消费者身份和交易信息安全的法定义务

依据《全国人民代表大会常务委员会关于加强网络信息保护的决定》《中华人民共和国消费者权益保护法》等法律法规,可进一步明确互联网金融企业的法定义务,如对消费者身份和交易信息保密,不向无关第三方机构和个人泄露业务运营过程中获取的客户身份和交易信息,采取必要措施有效防范业务运营过程中掌握的客户身份和交易信息被第三方机构和个人窃取或攻击等。

2.加强信息安全刑事立法,加大对侵权行为的刑事打击

相关部门应出台司法解释或刑法修正案,对互联网金融企业或其员工私自出售客户身份和交易信息等侵权行为的起刑点、量刑标准等进行明确和细化,震慑私自出售客户

身份和交易信息等行为,加强对互联网金融消费者信息安全的保护。此外,还应通过刑事处罚的手段督促互联网金融企业完善自身系统,有效遏制因黑客攻击而导致客户身份和交易信息泄露风险等事件的发生。

3. 完善信息安全民事立法,完善侵权赔偿机制

就互联网金融企业或其内部员工泄露客户身份和交易信息,互联网金融平台自身系统漏洞或人员疏忽导致客户身份和交易信息泄露,互联网金融平台泄露身份和交易信息直接导致客户资金损失等行为引发的民事纠纷和民事赔偿,相关部门应以民事法律的形式加以规范和明确,采取民事法律手段和经济赔偿措施,加强对各互联网金融企业的震慑,促使互联网金融企业加强对客户信息安全和合法权益的保护。

(二)充分发挥市场力量,提升保护消费者权益的自觉性和主动性

1. 对新增互联网金融企业,明确准入门槛

在注册资本金、风险控制、软硬件设施、高管任职资格等方面,参照商业银行等传统金融企业及非金融支付机构等的准入门槛要求,明确众筹、网络虚拟货币等互联网金融企业准入门槛,严禁未达到准入门槛的市场主体注册互联网金融企业、未达到准入门槛的互联网企业从事互联网金融相关业务,有效杜绝低门槛导致的不法分子或别有用心者注册互联网金融企业欺诈消费者等违法行为的发生。

2. 在明确风控框架基础上,充分发挥市场力量

(1)明确达到准入门槛的互联网金融企业的风控框架

对达到准入门槛的互联网金融企业,参照商业银行、证券公司等传统金融企业的风险控制要求和监管措施,结合互联网金融特性,制定合理的风险控制和监管框架,以有效约束其市场行为,防范消费者合法权益被侵犯行为的发生。笔者认为,主要有以下三点:

第一,建立互联网金融领域宏观审慎的监管框架,有效预防各互联网金融企业恶性竞争行为的滋生蔓延,从而降低互联网金融领域系统性风险的发生概率。

第二,明确互联网金融企业微观审慎的风险监管框架,并通过行政措施监督监管框架的落实。明确要求互联网金融企业建立起完善的事前客户尽职调查、事中风险监控,以及事后风险处置与赔付的全方位风险防控体系,并通过行政监管措施督促各项要求的落实,以全面提升互联网金融消费者合法权益保护的力度。

第三，建立企业强制退出机制并严格执行。一方面，对已开展业务但尚未达到准入门槛要求的存量互联网金融企业，要求在规定时间内进行完善，对规定时间内未达到准入门槛要求的，需通过强制行政力量迫使其退出；另一方面，对发生重大消费者信息泄露、大额消费者资金被窃等风险事件的互联网金融企业，需通过强制行政力量迫使其退出，以提高相关企业对消费者信息和资金安全保护问题的重视程度。

（2）充分发挥市场力量，提高互联网金融消费者权益的保护力度

对达到准入门槛标准的互联网金融企业，在风险可控的总体框架之下，需创造能够充分调动和发挥其主观能动性的宏观环境，进而合理发挥市场这只"看不见的手"的力量，调动互联网金融企业保护消费者合法权益的自觉性和主动性，以全面推进互联网金融的健康发展。

（三）唤醒维权意识，降低维权成本

1.唤醒维权意识，提升消费者维权自觉性

消费者成功维权的案例价值不仅在于自身，而且在于长远甚至宏观社会层面。鉴于诸多消费者维权意识淡薄、不及时维权导致侵权行为泛滥的客观情况，需通过电视、广播、报纸、互联网等媒介，或讲座、宣传栏集中学习等方式，积极向消费者普及维权的基本知识，以唤醒消费者对侵权行为的维权自觉性。同时，通过设立奖励基金、表彰先进等方式，积极鼓励消费者维权。

2.降低维权成本，保障消费者合法权益

鉴于互联网金融领域消费者仍属弱势群体的客观情况，需通过立法、行政监管等措施，降低消费者维权成本，以保障消费者合法权益。一方面，健全民事法律体系及征信体系，将故意讹诈消费者信息的互联网金融企业收录进征信系统，惩戒不良行为，更好地保护消费者合法权益，降低消费者维权成本；另一方面，通过行政监管和行政指引的方式，鼓励各互联网金融企业在诚实信用原则基础上，出台相应的消费者损失赔付机制并简化赔付手续，以降低消费者维权门槛。

四、保护互联网金融消费者合法权益的重要意义

近年来，互联网金融的快速发展，加快了金融脱媒和技术脱媒的进程，对原有的金

融服务模式带来了冲击。

与传统的金融业态相比，互联网金融呈现出分散化、去中心化的特点，并借助互联网技术，脱离了物理渠道的限制，从而可以在第一时间为所有金融消费者提供产品和服务。在这一过程中，金融消费者面对的是虚拟的交易环境和金融产品，金融监管部门往往受到政策法规和监管手段的限制，难以对互联网金融交易进行有效监管。同时，有些金融机构会利用自身的信息优势和技术优势侵犯金融消费者的合法权益，谋求不恰当的利益。因此，互联网金融消费者合法权益保护工作表现出了更强的隐蔽性，提高了保护互联网金融消费者合法权益的难度。

国际金融危机的教训表明，侵犯金融消费者权益将强化不同类型风险的自我叠加效应，从而引发甚至放大区域性、系统性风险，危害国家和地区的金融稳定。因此，加大金融消费者保护力度，提高金融消费者识别风险和自我管理风险的能力，已成为国际金融监管改革的重要方向。面对不断发展的互联网金融业态，保护互联网金融消费者的合法权益，具有十分重要的意义。

从本质上看，金融机构的主要功能包括清算支付、资源配置、风险管理、价格发现和绩效激励等五大基础性功能。互联网金融作为一种新的金融业态，借助信息技术的发展强化了传统金融业的现实功能，但并没有脱离金融业的本质特征。因此，互联网金融消费者权益保护与传统的金融消费者权益保护在基本理念、制度设计等方面具有较强的一致性。

与传统金融业相比，互联网金融处于远程的、虚拟的交易环境之中，消费者和金融机构之间没有在实体环境中进行面对面的交易。在交易过程中更容易出现风险信息披露不充分、交易价格不透明、消费者个人信息使用不恰当等问题，从而导致侵犯消费者的合法权益。同时，由于交易过程的虚拟性，消费者难以保留金融交易痕迹，一旦合法权益被侵犯，将面临更加困难的投诉举证环境，这既是互联网金融与传统金融业之间的差异，也是互联网金融消费者权益保护面临的主要困难。

（一）互联网金融对消费者权益保护的影响分析

《中华人民共和国消费者权益保护法》第五条规定："国家保护消费者的合法权益不受侵害。国家采取措施，保障消费者依法行使权利，维护消费者的合法权益。"第八条规定："消费者享有知悉其购买、使用的商品或者接受的服务的真实情况的权利。消费者有权根据商品或者服务的不同情况，要求经营者提供商品的价格、产地、生产者、用途、性能、规格、等级、主要成份、生产日期、有效期限、检验合格证明、使用方法说明书、售后服务，或者服务的内容、规格、费用等有关情况。"

从市场竞争环境看，互联网金融有助于打破传统金融机构的相对垄断地位，扩大金融服务的覆盖范围，延长金融服务的交易时间，创造更加公平的市场竞争环境。从风险信息披露来看，一方面，互联网金融产品的透明度更高，金融消费者可以通过互联网平台，以便捷的方式对比不同产品的要素、价格和风险等，在更短的时间内选择适合自身需求的金融产品。另一方面，互联网金融产品的信息披露的真实性和全面性存在不足，缺乏统一的信息披露标准和规范，影响了信息披露的有效性。从消费者交易地位来看，互联网金融企业规模相对较小，市场竞争度较高，互联网金融产品的服务也较好，消费者更容易获得公平的交易地位，也可以获得更大的市场话语权。从消费者认知来看，互联网金融消费者呈现出"两高一轻"的特点，即学历高、收入高、年纪轻。由于学历和收入水平对消费者金融认知水平有较强的正面影响，因此互联网金融消费者群体对互联网金融产品的认知能力和风险判断能力也较强。

从市场竞争环境、风险信息披露、消费者交易地位和消费者认知等角度分析，互联网金融在保护消费者权益方面发挥了重要作用：

首先，互联网金融有助于保护金融消费者的知情权，在信息披露完整准确的前提下，金融消费者可以通过互联网平台对比不同产品。

其次，互联网金融对保护金融消费者的自由选择权、公平交易权和监督批评权也具有重要意义。这是因为互联网金融提高了市场的竞争水平，让金融消费者获得了更加公平的交易地位；同时，金融消费者通过互联网平台监督、评价互联网金融产品的影响力也得到了提高，一旦发生侵权行为，可以通过互联网平台投诉或增加舆情压力，提高事后维权的有效性。

（二）我国互联网金融的消费者保护制度设计

第一，持续推动互联网金融行业自律机制建设。通过行业协会，对开展互联网金融业务的公司进行登记备案，着力提高互联网公司对自身平台的管理能力。对公司治理、风险管理和互联网金融消费者权益保护等方面不符合行业准入要求的互联网金融公司，不予登记备案。

第二，按照"三统一"原则建立互联网金融信息披露机制，坚持真实性、准确性和完整性原则，制定统一规范的互联网金融信息披露规则。一是统一信息披露来源。应按照"谁提供金融产品，谁披露信息"的原则，明确互联网金融机构的责任主体地位，使其直接对产品信息的真实性和完整性负责。二是统一信息披露标准。应明确规定互联网金融机构对互联网金融项目资金投向、投资期限、预期收益、潜在风险等情况进行披露，避免出现因信息披露不真实、不准确、不完整而导致不恰当销售等情况。三是统一信息披露渠道。一方面，各互联网金融公司应建立互联网的产品信息发布平台；另一方面，相关部门应建立全国性的互联网金融重大风险信息发布平台，及时发布可能引发重大社会影响的风险信息，避免金融消费者因信息不对称而使自身财产遭受损失。

第三，探索建立互联网金融消费者先行赔付机制。互联网金融消费者权益保护的困难在于交易的虚拟性容易导致事后维权存在较大难度。因此，可以引入具有社会公信力的第三方平台，按照不同业务类型的业务属性、风险特点等，按照不同的比例收取差异化的互联网金融消费者先行赔付基金，对互联网金融消费者提出的小额赔付申请进行快速先行赔付，降低互联网金融消费者事后维权的成本，提高事后投诉维权的效率。

第四，完善基于互联网的多样化的金融公众教育平台。金融公众教育对于提高金融消费者的知情权、选择权和求知权等具有十分重要的意义，互联网金融应突破传统金融公众教育的局限，发挥互联网在信息传播方面的优势，开发多样化的金融公众教育平台。特别是借助移动互联网，让互联网金融消费者随时随地可以获得有针对性的金融知识。

第四节 创新互联网金融监管模式

近年来，互联网金融在我国呈现出多种表现形式，为中小微创业企业提供了较大的融资便利，促进中小微企业的商业模式创新，提高了金融资产配置和服务实体经济效率。当前，我国监管当局对互联网金融的监管仍显不足，相关法律仍有较大完善空间。同时，人们对互联网金融发展的理论基础、创新发展等各方面的认识尚存在较大差别。互联网金融的健康发展事关我国金融体系的稳定，因而有必要对其发展模式进行清晰的认知并合理有效监管。

近年来,国际经济金融与科技创新步伐不断加快,市场体系、基本制度、产品设计创新日新月异,在创新中快速发展已成为经济持续增长的动力源泉和必由之路。互联网金融已成为我国金融深化改革和金融创新的突破点,通过移动支付、供应链金融和大数据服务营造互联网金融生态圈,是互联网金融创新的驱动力所在。

互联网金融以其普惠、方便、快捷的特点,点燃了民众对创新金融服务的极大需求。由于互联网金融具有资源开放、成本集约化、选择市场化、渠道自由化、用户行为化等特点,给传统银行业务带来一定冲击,同时也给传统金融机构及新兴金融机构带来巨大的机遇和挑战。

创新是一把"双刃剑",没有利益制衡和外部有效监管的金融创新会扭曲市场,累积并放大风险。2008年美国次贷危机恶化,进而演变为国际金融危机之后,业界与学者努力在金融创新与监管的关系中探寻其成因及经验教训。人们在反思中将过度的金融创新与宽松放任的监管置于罪魁祸首的位置,金融创新一度备受诟病,广遭质疑。互联网金融创新在推动金融业快速发展的同时,也因规避监管,甚至千方百计绕过监管的漏洞,或是由于监管不到位、不给力,甚至放松监管而给金融改革与发展带来巨大风险。

美国次贷危机引发的国际金融危机警示人们:创新尚需适度,必须与市场的接受程度,以及管理层的监管能力相适应。对金融创新与监管关系的把握与平衡,正如在一场精彩的足球比赛中,不仅需要优秀的球员或球星,还需要一流的裁判,只有这样才能使比赛攻防转换节奏流畅,激烈对抗竞争有序,观者兴奋不已。

互联网金融监管模式在促进、引导创新、规范创新的同时,也面临着创新带来的挑战。因此,创新互联网金融监管模式是很有必要的。

一、互联网金融监管依然是传统监管的内容

传统金融监管只针对机构和金融产品,而互联网金融更多的是在利用计算机技术所形成的行为数据,将金融和非金融行为混合到一起,完成各自的经济活动。金融监管者要尽快学习和适应这个变化,因为当今由技术变化而带来的金融行为变化发展很快,规模很大,形成的风险也很大。但互联网金融活动的风险没有超出传统金融风险,可以说,互联网金融监管依然是传统监管的内容。

（一）余额宝与银行竞争的根本问题是流动性风险管理或利率管制

互联网金融创新，必须符合安全和风险管理要求。监管者需要回答的是作为资金支配者而非所有者，其满足短期流动性需求的账户活期存款应该如何使用，应该如何避免挤兑和提款风险，应该满足多大的流动性比率要求，或者对协议定期存款和超过一定期限的理财、投资控制比率是多少。

在存款利率依然受管制的情况下，商业银行如何吸引和保留住活期存款，如何进行活期存款的金融创新，确实值得思考。否则，商业银行必然会被市场创新夺去市场。一旦存款利率市场化后，商业银行也许可以很迅速应对余额宝的发展，而不是采取转账限制。

（二）区分互联网金融类型和产品风险，加强风险防范管理

第一，相关部门应对互联网金融的技术安全提出监管标准和要求。例如，消费者在第三方支付平台使用二维码的过程中，由于系统是开放的，存在着技术风险，若互联网金融公司简单地扩大二维码的使用，而没有技术防范，便会存在巨大隐患。因此，互联网金融公司应加强技术安全保障。更重要的是，一些第三方支付平台账户的存款，已经类似银行的存款账户，监管部门需要出台管理办法进行规范管理。

第二，民间融资的监管和阳光化迫在眉睫。互联网目前的真正风险在于与资金存款或贷款结合的网上行为，要应对这些风险应根据管理真空和市场漏洞，在技术和监管上加以完善，出台准入和退出管理规定，规范网络金融行为。把民间金融纳入监管，尽快实现规范化、制度化、阳光化是必然选择。

第三，加强对互联网金融的流动性监管和约束。一些互联网金融机构及其产品的压力在于流动性风险，要针对其流动性风险提出管理制度规范，尤其是防范存款利率完全市场化，或者经济下行、投资回报下降乃至亏损的风险，防范众人集中要求赎回资金的风险。

二、新金融的六大支柱

新金融是指在互联网和信息技术革命推动下，金融要素市场化、金融主体多元化、金融产品快速迭代过程正在发生。这一概念代表金融业架构中的"底层物质"正在发生

深刻变化，移动化、云计算、大数据等大趋势引发金融业"基因突变"。新金融的概念，是随着人们金融活动方式的变化及金融要素组织方式而不断变化的。其中，金融业分工和专业被大大淡化，逐步被互联网相关技术所替代，企业普遍可以通过网络进行各种金融交易。笔者认为，新金融将会带来金融体系的巨大变革，同时也将会与社会形成一定的交互影响。因此，人们应以全新的心态对待新事物。新金融主要有以下六个支柱：

第一个支柱是新技术应用。从金融行业来看，最重要的任务是解决信息不对称问题。信息的数字化，为大数据在金融中的应用创造了条件。计算能力不断提升，云计算、量子计算、生物计算等将会突破集成电路的物理边界；网络通信的发展，互联网、移动网络、电话网络、广播电视网络等应运而生。新金融的信息处理与传统金融中介和市场的最大区别在于大数据补充甚至替代传统风险管理和风险定价。

第二个支柱是账户及支付体系。个人金融账户将不再属于传统的金融机构，在一段时间内账户提供主体将呈现多元化态势。未来的账户将是一个综合类账户，能够集成个人所有业务和所有资产负债，这个账户将成为个人金融活动，乃至日常生活的重要工具。支付与账户紧密相连，商业银行、第三方支付、移动支付等将使个人账户与中央银行的交互清算方式发生变化。

第三个支柱是基于大数据的新型风险管理体系，即分别围绕人、企业、产品建立风险评估体系。这三种类型概括了未来新金融的管理体系，与传统金融机构有很大区别，传统的金融机构更注重行业经验、金融专家等。

第四个支柱是投融资新规则。投融资新规则的核心思路是充分披露信息，进而形成层次丰富的差异风险定价，分散投资。

第五个支柱是风险补偿机制，即将投资者的风险敞口通过制度创新进行补偿。

第六个支柱是监管体系。淡化审慎监管、强化金融消费保护，这样才有可能把一个新兴的金融体系"孵化"出来。

三、构建多层次的监管体系

相较于传统金融行业，互联网金融涉及面更加广泛、业务更为多元化、创新层出不穷、风险更难防控，现有金融监管体系还存在着一定的不足。为了促进互联网金融健康可持续发展，维护金融秩序稳定，保护消费者的合法权益，必须强化互联网金融监管，完善相关法律法规，从而构建多层次的监管体系。

（一）完善互联网金融监管法律法规体系

法律法规是国家实施金融监管、保障金融安全的根本依据，建立健全互联网金融监管法律法规体系是我国互联网金融持续健康发展的重要保证。

首先，我国现行金融法律，如《中华人民共和国商业银行法》、《中华人民共和国证券法》（以下简称《证券法》）和《中华人民共和国保险法》等，其立法基础是传统金融行业和传统金融业务，鲜有涉及互联网金融相关内容。因此，及时修订金融法律、补充相关条款是很有必要的。

其次，与互联网金融的迅猛发展相比，我国相关领域的立法进程较为缓慢，目前涉及互联网金融相关内容的法律仅包括《中华人民共和国刑法》《中华人民共和国电子签名法》等。要从金融消费者权益保护、社会信用体系构建、信息网络安全维护等方面加快相关法律的立法进程，逐步搭建起互联网金融发展的基础性法律体系。

最后，互联网金融涉及的领域广泛，有些领域发展起步早，因此相关内容、条款需要更新，如网上银行、网上证券等；有些领域出台政策及时且内容较为完善，需要进一步贯彻落实，如网络支付、网上保险等；还有些领域处于监管真空状态，风险点多，一旦出现问题，负面影响很大，亟待出台法律法规加强监管，如网络借贷、网络金融超市等。

（二）构建多层次的互联网金融监管体系

互联网金融跨行业、跨区域的经营模式对我国金融分业监管体制提出了严峻的挑战。为了避免监管真空和重复监管，我国应尽快建立起正规监管与行业自律相结合，跨部门、跨地域的多层次互联网金融监管体系。

一是进一步加强金融监管部门之间的沟通与协调。建立包括"一行两会"、工商、通信、司法等相关部门在内的联席会议制度，定期交流互联网金融发展状况，加强监测、及时预警，防范虚拟平台交易风险向实体经济蔓延。

二是与时俱进地推动金融监管改革。要明确中国人民银行在宏观审慎监管中的主体地位，强化微观审慎监管全面覆盖的监管理念，推动监管部门逐步实现从机构监管向功能监管的转变。

三是充分发挥互联网金融行业自律的作用。通过制定统一的行业标准和自律公约、督促互联网金融协会会员贯彻法律法规和履行自律公约、维护市场竞争秩序和会员合法权益等方式，实现对互联网金融行业的自我管理，促进互联网金融行业健康发展。

四是积极与其他国家政府、金融监管部门开展交流与合作。互联网与金融的全球化发展使得跨境金融风险增加，这要求各国金融监管部门加强合作，对跨国性的金融交易实行统一的监管标准，共同打击跨境互联网金融犯罪，保护本国用户在国外、外国用户在本国的合法经济金融权益。

四、保护金融创新

互联网金融这一新型业态的发展时间虽不长，但发展势头迅猛，对于该业务的运行特点、面临的风险、发展趋势，特别是对我国金融体系的影响，短时期内尚难以定论，还需时日加以观察分析。为保护金融创新，同时避免引发区域性或系统性风险，应密切关注这一行业，科学引导、分流疏导，适时加强公众教育，出台相应的法律法规等。

（一）密切关注，防止互联网金融业务风险蔓延

采取"内紧外松"的策略，密切关注互联网金融业务发展，保持对相关风险的警醒。一是工商、税务等部门在部门职责范围内，加强对从事互联网金融业务机构的监管，适当加大检查频率和深度，充分收集第一手信息，及时反映该类机构在发展中存在的问题；二是中国人民银行、国家金融监督管理总局等行业监管部门，可从信息技术、信贷政策、金融安全等角度，联合科研院所等机构对新型金融业务加强研究，并探索建立网络和风险的"防火墙"，避免相关风险蔓延；三是公安机关加大对利用互联网金融之名诈骗公众钱财等违法行为的打击力度。

（二）科学引导，推动形成互联网金融行业自律，提高行业透明度

在密切关注、充分研究的基础上，国家和地方各级金融主管部门应加强与小额信贷行业自律组织、行业协会的沟通和联系，循序渗透，并阐明国家的相关政策。此外，可从几方面加以引导：一是从可持续发展的角度出发，推动自律组织或行业协会内部形成自律规范，明确业务性质、准入门槛、禁止性行为、信息披露要求等内容；二是为降低投资人遭到欺诈的风险，便于外部监管部门或投资人判断机构的管理水平和风险状况，

切实发挥行业自律效果,可推动行业协会在监管部门指导下,建立统一的信息披露平台,向社会公众进行行业披露;三是推动建立行业内投诉处理机制,由会员授权协会受理及协调处理投资人或借款人的投诉,并对投诉处理情况进行定期分析通报。

(三)分流疏导,提高正规金融机构普惠金融服务能力

面对互联网公司的快速发展,传统的金融机构为了保住自己在金融领域的地位,也应积极谋求变革。与以前仅把网上银行作为销售渠道不同,有的银行也开始注重互联网金融的特性,包括客户体验、交互性能等。有的银行开始把互联网技术与银行核心业务进行深度整合。

(四)强化责任金融理念和认识,加大金融知识普及力度

政府部门及各类金融机构应充分利用媒体、网络等手段开展公众宣传教育活动,积极向公众普及金融知识,提高公众的风险意识、辨别能力和自我保护能力,维护社会和谐稳定。

(五)适时出台国家层面法律法规

金融创新和金融监控是统一的,法规出台的时机从另一个侧面反映了监管者对新生事物的认识过程和创新的包容水平。政府相关部门可出台相应的规章制度,明确小额信贷中介服务性质,对互联网金融的业务范围、发展方向、监管办法及违规处罚、退出机制等相关内容做出界定。此外,政府相关部门应加强政策引导,探索建立必要的风险补偿、财政补贴及税收、信贷优惠等正向激励机制,降低运营成本。同时支持民间融资备案登记,以完善国家征信系统,防止过度负债的信用风险,促进互联网金融的阳光化和规范化。

互联网金融作为一个新兴的金融业态,为探索金融创新的有效监管模式提供了一个不可多得的机遇。人们应立足互联网金融发展实际,把互联网金融作为践行良好金融创新监管理念的"试验田",积极探索未来新金融监管的范式。

第三章　互联网金融风险的种类与监管

第一节　互联网金融风险的种类

基于互联网的普惠金融、平台金融和信息金融的理念，对金融业的发展产生了深刻影响。互联网金融是指传统金融机构与互联网企业利用互联网技术和信息通信技术实现资金融通、支付、投资和信息中介服务的新型金融业务模式。互联网金融在为人们日常生活提供便利的同时，与其他金融产品一样，也会带来一定的风险。互联网金融企业会面对所有互联网企业都会面对的风险，如战略风险、声誉风险、法律风险、信息科技风险和操作风险等；同时互联网金融企业又会面临传统金融企业的风险，如信用风险、流动性风险、市场风险等。从现代风险管理的视角来看，传统的金融风险固然是互联网金融企业需要面对的风险，非金融风险也是互联网金融企业需要面对的重要风险。互联网金融企业依靠其强大的数据积累能力提供了信息中介服务。作为一个企业，其面对的各类风险也早已纳入企业全面风险管理体系的框架之内。

一、非金融风险

近些年，我国互联网金融发展初具规模，并呈现持续增长态势，这也给企业风险管理带来了挑战。区块链、人工智能等新兴网络技术的快速应用，使得互联网金融快速发展，但同时也让互联网金融行业受到网络攻击。互联网金融企业除了要面对传统的金融风险（如信用风险、流动性风险和市场风险）之外，还要面对更多的其他非金融风险。可以说，互联网金融企业有更高的风险管理需求。

（一）战略风险

战略风险是互联网金融企业面对的一个重要风险类型。战略风险与其他类型的风险不同，其影响面广，企业高管制定的战略决策往往会影响企业所面临的风险种类。随着客户对互联网依赖程度的加深，互联网金融企业高管需要从战略的高度制定企业应如何运用互联网技术提供信息，以满足客户交易的需求。技术的快速进步、企业之间竞争的加剧等使得一旦企业战略出现问题，对互联网金融企业来说，其后果将是致命的。为了有效管理战略风险，互联网金融企业高管应有清晰的战略头脑，应综合考虑互联网金融业务的收益与成本，制订清晰的实施计划，并进行有效监督。

（二）声誉风险

声誉风险对于互联网金融企业非常重要。对金融机构而言，声誉问题显然比其他行业更重要，因为金融服务业属于特殊行业，客户把钱放在金融机构，前提就是信任，信任就是来自声誉。对于金融机构而言，声誉之所以特别重要，是因为它们提供的服务是无形的，并且交易基于客户对金融机构将来履行承诺的信任。因此，对于任何银行或保险机构和绝大多数全球性金融机构而言，声誉是非常有价值的无形资产之一。

信息技术的发展使得信息传递更加快速，网络谣言的迅速扩散使得互联网金融企业和监管机构可采取措施的时间大为缩短。由于互联网金融目前准入门槛不高，存在鱼龙混杂的现象，既有不规范机构本身信誉不佳，甚至涉嫌诈骗的问题，也有机构本身的行为不当问题等。互联网金融企业有必要设计完善的危机处置机制以应对网络突发事件。声誉风险主要有以下来源：

第一，当互联网金融企业的产品和服务不符合公众的预期时，有关的负面信息就会在公众范围内扩散，无论与预期相悖的结果是来自互联网金融企业本身，还是来自互联网金融企业所不能够控制的因素，声誉风险都将产生。某互联网金融企业的声誉风险一旦产生并发酵，公众就会对该互联网金融企业丧失信心。

第二，客户在接受互联网金融企业服务时出现故障，却没有得到足够的回应及妥善的处理。

第三，通信网络的问题导致客户无法及时查看其账户信息。

第四，互联网金融企业在网络金融服务中出现的其他失误也会影响客户对该互联网金融企业的信任。

第五，黑客对互联网金融企业网络系统的攻击也会让客户对该企业失去信心。

值得一提的是，声誉风险不仅仅会影响单个互联网金融企业，当整个行业均出现问题时，客户会对整个互联网金融服务失去信任。

（三）法律风险

互联网金融的发展面临法律风险，即由于企业业务不符合相关法律规定、监管规则以及道德规章等导致盈利水平或者资本充足率水平下降的风险。在传统金融模式下，法律风险与机构的业务模式和法律法规、监管政策有关，主要来源于新业务模式法律架构设计缺陷、法律法规和监管政策变化等。互联网金融企业的法律风险同样与机构的业务模式和法律法规、监管政策有关，只不过互联网金融的业务模式往往比较新，且不成熟，部分业态存在一定的法律风险（如股权众筹可能存在非法集资风险）。当互联网金融企业、客户和交易活动不在同一个国家时，法律风险的系数会更高。我国有关互联网金融企业发展的相关法律法规目前还不完善，在互联网金融企业的准入标准、运作方式、电子合同有效性，以及交易者身份验证等方面还没有完善的法律法规作为参照，互联网金融企业经营需要面对复杂的法律风险。互联网金融企业在提供网络金融服务的同时面临着信息披露和消费者私人信息保护等问题，如果互联网金融企业没有向消费者详细说明消费者的权利和义务，有可能面临被起诉的风险。互联网金融企业如果没有有效地保护消费者的个人信息，需要承担相应的责任，受到相应的惩罚。黑客侵入互联网金融企业网站导致消费者蒙受损失时，互联网金融企业同样会面临被起诉的风险。

（四）信息科技风险

互联网金融的发展离不开信息技术，因此信息科技风险对于互联网金融企业的发展具有重要影响。威胁互联网金融企业信息系统的既有内部因素，也有外部因素。非授权入侵系统是信息科技风险的重要内容，例如，对系统的非授权侵入会泄露客户私人信息；向系统植入病毒，会导致系统运行混乱，信息失真。系统安全漏洞主要包括以下三类：

第一，能够引发犯罪的安全漏洞比如诈骗、盗窃商业机密和私人信息等。

第二，黑客攻击漏洞，如钓鱼网站、攻击使网络服务瘫痪等。

第三，系统本身设计中存在的漏洞。

（五）操作风险

操作风险也是互联网金融企业面临的主要风险类型之一。操作风险包括系统和交易的风险等，如数据的保密性、是否对第三方进入进行授权、是否能保证网站正常运行等。在开展互联网金融业务的过程中，互联网金融企业会将一些业务外包出去，这会产生一些操作风险。外包将在一个业务流程中产生更多的服务链条，虽然有助于企业降低成本，但也降低了企业对外包项目的控制能力，从而增加了操作风险。企业开展网络银行互联网金融业务时，对潜在客户数目预测得不精确也是操作风险的种类之一，而且大量互联网金融企业都会面临这一问题。预测数目偏少，企业可能不能很好地满足客户需求；预测数目偏多，企业就会增加经营成本。因此，如何尽可能地准确预测潜在客户数量对企业的风险管理是非常重要的。

二、金融风险

互联网金融企业归根结底从事的是金融业务，因此传统金融风险也是互联网金融企业需要面对的。

（一）信用风险

信用风险仍然是互联网金融企业需要面对的重要风险。信用风险通常被定义为借款人不能按照合约规定还本付息而给企业带来损失的风险。信用风险蕴含在金融机构的所有经营行为中，并受交易对手、发行人和借款人行为的影响。对于传统金融，信用风险管理更偏重实地调查与人为判断的结合，可靠信息来源不足，调查人员技能不够、态度疏忽、刻意隐瞒，不恰当的考核、激励和信贷决策机制，不恰当的外来干预等，都有可能导致企业出现信用风险。随着大数据技术在互联网金融企业中的广泛运用，信用风险管理更偏重数据挖掘与模型决策的结合，信用风险主要来源于数据来源不充分、数据失真、模型设计缺陷等。

互联网金融企业的发展为金融服务打破地域限制带来了机遇，不同地域的消费者都可以通过网络获取金融服务。然而互联网金融企业通过网络与客户建立联系，缺少传统银行经营过程中与客户的个人接触，这给核实客户的信用带来更大挑战，而客户的良好信用是正确进行金融决策的重要因素。同时，互联网金融企业在核实抵押物和完善安全协议方面也面临着不小的挑战。对互联网金融企业信贷组合的有效管理,需要管理层有效识别信贷风险,理解信用文化,同时确保控制贷款风险的政策、程序和实践的有效实施。

(二)流动性风险

流动性风险是指金融企业有偿还能力,但由于暂时得不到钱而无法偿还的风险。在传统金融领域,流动性风险主要来源于期限错配(如存款与贷款的期限错配)、超出预期的资产损失(如大量不良贷款、大额保险理赔支出)、因市场恐慌导致的大规模集中提取或赎回(如银行挤兑、基金集中赎回)等。互联网金融企业面对的流动性风险与传统金融企业面对的流动性风险类似,但是互联网金融企业的传播效率更高。在谣言和恐慌情绪的扩散速度方面,互联网金融企业可能快于传统金融企业;在通过官方渠道平息谣言的速度方面,互联网金融企业也可能快于传统金融企业。在资产管理类(包括第三方支付现金管理)和贷款类互联网金融产品中,资金流入是短期的,而贷出是长期的,因而会出现期限错配现象,一旦发生集体性挤兑事件,互联网金融企业将遭受流动性风险。

(三)市场风险

传统金融领域的市场风险也是互联网金融企业面临的主要风险类型。巴塞尔银行监管委员会认为,市场风险的主要类型有股票风险、利率风险、汇率风险和商品风险。互联网金融企业面临的市场风险与传统金融企业面临的市场风险类似,只不过互联网金融企业的交易成本更低,当利率、汇率、资产价格等变化时,用户可能会轻易地进入或退出某种金融资产。例如,当货币基金回报率相对于存款的利率差缩小(扩大)时,用户会更容易地退出(进入)货币基金。当然,这个过程通常情况下是有序的转换,不一定会引发流动性风险。互联网金融企业发售的理财产品会投资到金融市场中,因而金融市场风险,如股票价格的涨跌、利率的波动、汇率的变动都会影响到产品净值和互联网金融企业的公信力。同时,互联网金融产品投向的资产(如房地产行业)会因为商业周期的波动而带来收益的变化,这会影响互联网金融产品的价值,进而影响互联网金融企业的盈利。

金融产品是金融风险的载体,投资者购买互联网金融服务本质上是购买互联网金融产品。互联网金融产品主要为第三方支付型产品、财富管理型产品、借贷型产品。对于第三方支付类型的产品来讲，操作风险是其主要面临的风险之一。第三方支付产品涉及用户众多，任何操作失当或者系统被攻击等都会造成用户隐私信息泄露、资金被盗用等问题。此外，第三方支付产品还面临法律风险。第三方支付平台的匿名性、隐蔽性以及信息不对称性，使得第三方支付产品在经营中面临洗钱、沉淀资金、信用卡套现等问题，法律风险较高。

市场风险无疑是互联网金融企业发售的财富管理型产品面临的主要风险。金融企业往往是通过承担金融风险来获取收益的，不论经营这类产品的互联网金融企业的营业模式如何，企业最终都会进入金融市场进行投资活动。只要涉足金融业务，企业就会面临股票风险、利率风险、汇率风险、商品风险、流动性风险等。可以说，互联网金融企业所面临市场风险的大小从某种意义上取决于企业的核心竞争力。由市场风险引发的流动性风险无疑也是这种财富管理型产品所面临的主要风险。一旦市场出现动荡，或者产品收益与预期不符，在互联网信息快速传递的情况下，消费者可能会同时进行赎回，互联网企业会面临严重的流动性风险。

第二节 互联网金融风险的特征

互联网金融的发展一定程度上降低了某些风险。

第一，互联网金融有助于全社会信用体系的建设，增加信息透明性，降低社会整体的信用风险。中小企业之所以融资难，是因为中小企业信息不透明，银行无法对其信用风险进行准确评估。

第二，投资者能够通过互联网金融企业分散投资风险。现代投资理论认为，分散化投资有助于降低风险。许多互联网金融平台都限制了投资者投资一笔项目的金额，鼓励投资者将其资金投至多个项目，从而运用分散化技术降低投资风险。根据互联网金融平台统计情况，分散化投资可以降低个别借款人违约所带来的整体风险，使得投资者总体上获得正的收益。

第三，互联网金融的发展有助于降低民间金融风险，从而缓释金融体系的系统性风险。民间金融之所以风险较高，是因为信息不对称、不透明，经营环境不规范，债权债务关系错综复杂，使得借款人与贷款人之间无法有效评估信用风险。互联网金融企业将规范的借贷流程、透明的披露制度引入民间借贷，无疑有助于理顺民间金融的债权债务关系，有助于将科学的风险管理引入民间金融体系，这对于稳定区域金融体系具有重要意义。

第四，大数据挖掘技术提高了企业的风险管理能力。首先，大数据挖掘技术提高了金融企业信用风险管理能力。在传统金融服务模式下，银行主要依靠财务报表分析、实地调查等识别借款人的风险高低，信息的真实性往往取决于银行工作人员的经验积累、主观判断和职业素养，加上现场调查的频率低、成本高，就给银行有效识别信用风险带来了很大的困难。在互联网金融服务模式下，贷款机构可以利用借款人在电子商务平台、社交网络、第三方支付平台等上的数据，进行数据分析和挖掘，进而作出信贷决策。这些数据往往是真实的，相对而言失真的程度小，并且数据更新的频率高，甚至可以做到实时监控，能够帮助贷款机构更好地识别借款人的信用风险。其次，在信息技术安全方面，通过大数据挖掘，互联网金融企业可以更好地分析用户的行为特征，识别和拦截非法交易，更好地保障用户资金安全。在识别信用卡套现、反洗钱等领域，支付宝基于对商户和用户的交易行为数据进行分析和挖掘，设计了识别信用卡套现和洗钱量化数据模型，通过这个数据模型可以有效识别信用卡套现和洗钱的可疑人员。例如，数据模型曾监测发现某个经营茶叶的商户，其商品种类极少、店铺广告投入很低、商品介绍极为简单、价格比同类产品高出数倍，但这家店铺的营业额很高。支付宝立即将该商户列入洗钱可疑对象，并报告给监管机构。监管机构经过调查证实，确认该商户涉嫌洗钱交易。最后，在预测传染性风险方面，通过大数据分析，互联网金融企业能更好地识别金融风险传染的源头、路径，以便提前进行布局防范。

第五，随着信息技术的广泛运用，互联网金融企业的操作风险有所降低。在传统金融服务模式下，很多企业的操作流程尽管已经实现了系统自动化，但仍然在很大程度上依赖人工操作，操作风险也很高，如未经授权的业务操作、签字盖章环节遗漏等。互联网金融系统的自动化程度大大高于传统金融服务模式，对人工的依赖程度很低，因此人工操作失误导致的操作风险概率会较低。

有学者指出，互联网的开放性和即刻传播是其主要特征。从互联网的这两个特征出发，笔者认为，互联网金融风险的特征是传染性和快速转化性。

一、传染性

对于传统金融网络模型，完全网络模型有助于分散流动性冲击进而降低金融体系的风险，提高系统的稳定性。有学者认为，如果网络结构集中度高，那么该结构内节点之间的关联复杂程度较低，传染发生的频率会更低，破坏性也会更小；而当系统关联度高的时候，传染发生的频率会更高。还有学者认为，对于复杂的金融机构网络，在金融市场处在正常的情况下，金融风险会得到很好的分散；但在金融危机来临时，由于传染性的存在，金融风险反而传递更广泛，更容易引起大面积的风险爆发。这种传染机制的载体是信息，互联网技术的发展加速了信息在消费者之间的共享程度。当金融体系处在正常时期时，信息的广泛共享有助于消费者做出理性的决策，从而降低风险。但当金融体系处在动荡时期时，信息的快速传播会使得消费者在同一时间做出同一决策，这会使传染发生的频率更高。

从互联网开放性的特征出发，笔者认为，互联网增强了投资者和金融机构风险的传染性，扩大了风险的影响面。互联网金融的发展反映了普惠金融理念，因为互联网金融产品的参与者往往较多。而在网络媒体如此发达的今天，关于互联网金融企业的负面消息（如技术故障等）会在投资者之间很快传开。不同的投资者会做出相同的反应（如撤资），因而互联网增加了不同投资者之间行为的传染性。如果某家互联网金融企业的负面新闻传播开后，也可能会使投资者不信任整个行业，因而撤资或远离这个行业。因此，某个公司的声誉风险就会传导到这个行业的其他公司。

二、快速转化性

从互联网即刻传播的角度出发，互联网加快了不同风险相互转化的速度。互联网金融提升了信息科技在金融业务中的重要地位，使得非金融风险和金融风险之间的相互转化速度变得更快。在具体实践中，风险的爆发和传染往往是多来源、多路径的。例如，风险的爆发既可能是企业战略失误（如信贷机构出现了严重的不良贷款损失），可能是企业操作失误（如系统超负荷导致营业中断），可能是黑客攻击（如账户信息大规模泄露），可能是竞争对手蓄意制造谣言（如恶意诋毁竞争对手存在严重安全漏洞），也可能是个别企业的违规行为被媒体曝光引发公众对整个行业的不信任，等等。又如，风险的传染路径可能是沿着"操作风险—声誉风险—流动性风险"的路径，也可能是"信用风险—声誉风险—流动性风险"等。另外，以互联网银行为例，信息系统的某项错误可能会使客户在网上发表负面消息，严重的话会引发网上挤兑支取，从而出现流动性风险（即无法保证全额兑付）；流动性风险有可能会引发信用风险（即无法偿付其他债务），进而声誉风险也会变大（更多的投资者开始怀疑这家机构），此时该金融机构将面临更严重的流动性风险。此外，某项政策的出台导致互联网金融产品的使用者挤兑支取（或存款），这有可能加大信息系统的负荷而引发信息系统风险，进而带来声誉风险。

下面笔者以互联网基金为例，对风险的快速转化性进行说明。互联网金融企业在制定经营战略后会面临战略风险，而企业制定的战略决定了企业的市场风险敞口，进而决定了可能遭受的市场冲击类型。如果金融市场出现动荡，一旦互联网金融企业遭受市场冲击，可能会造成偿付能力不足，信用风险、操作风险、信息科技风险以及法律合规风险等也有可能迅速增加。这些风险的信息会通过互联网快速传递给消费者。一旦消费者开始大规模赎回，互联网金融企业又会面临流动性风险。在经营中，互联网金融企业与银行存在千丝万缕的联系，因此互联网金融企业的流动性风险又会使银行产生流动性风险。一旦这种流动性风险在金融体系内大范围传染，整个金融体系就会面临流动性压力，系统性风险爆发的可能性会迅速增加。

综上所述，笔者认为，互联网金融并没有增加新的风险种类，却加速了各类风险之间的转化速度，扩大了金融风险的传染面。只要是金融，就无法摆脱风险管理这一核心问题。投资者在享受普惠金融服务的同时应了解互联网金融风险的特点，互联网金融企业也应积极寻找预防互联网金融风险的途径，监管机构也应根据互联网金融风险的特征采取相应的监管措施。

第三节　互联网金融风险的控制方法和管理策略

一、互联网金融风险的控制方法

互联网金融风险常用的控制方法主要有系统性风险的控制方法和信用风险的控制方法两种。

（一）系统性风险的控制方法

1. 系统性风险管理方法

金融系统性风险的生成是一个动态过程，所以金融系统性风险的防范也是一个动态的风险管理过程。金融系统性风险的防范包括两个阶段，第一阶段是事前防范阶段，第二阶段是危机管理阶段。事前防范即将金融系统性风险控制在一定范围内，防止局部损失全面扩散而引发金融系统性危机。危机管理即当系统性危机爆发时，如何化解金融系统性风险，将损失控制在最低程度。以前，金融系统性风险多发生在银行业，而现在，金融系统性风险也很可能发生在互联网金融、影子银行等非银行金融机构。防范和控制好互联网金融这一新兴行业的金融系统性风险，就是要做好金融系统性风险的事前防范工作和金融系统性风险的监管工作，以及做好事后减轻金融系统性风险传播速度和危害后果的准备。

（1）金融系统性风险的事前防范

市场纪律、资本监管制度、最后贷款人制度和存款保险制度通常被视为银行系统性风险事前防范的金融安全网。银行业的市场纪律是指银行的债权人或所有者，借助银行的信息披露和有关社会中介机构，如律师事务所、会计师事务所、审计师事务所和信用评估机构等的帮助，通过自觉提供监督、实施对银行活动的约束、把管理落后或不稳健的银行逐出市场等手段来迫使银行安全稳健经营的制度。存款人、债权人和股东是银行的市场纪律的主要实施者，其中，存款人对银行的市场纪律约束最大。市场纪律主要通过两种途径约束银行：利率渠道和存款规模渠道。在存款人方面，利率渠道表现为存款人对银行风险行为的惩罚；在银行方面，利率渠道表现为银行为达到某些指标而必须采取的措施。存款规模渠道反映了存款人"用脚投票"的行为。市场纪律的有效性受存款人与银行之间信息不对称的影响。在信息不对称条件下,市场纪律对银行难以起到安全网的作用,反而会在某些情况下引发银行系统性风险。资本监管制度就是要求银行必须持有与风险资产规模相适应的最低资本数量,它是衡量银行资本的风险防御程度的一个重要的国际通用指标。资本是银行资产出现问题时的第一道防火墙,使银行风险不至于立刻扩散到其他银行,同时它也是银行承担风险的成本,可以约束银行的道德风险,即过度承担风险而损害存款人的利益。最后贷款人制度指的是确立一个机构(通常是一国的中央银行)作为最后贷款人,当银行出现支付危机时,可以向最后贷款人申请流动性援助。最后贷款人制度是对银行体系的流动性风险的事前防范。存款保险制度即要求商业银行对其吸收的存款进行全额或部分投保,当银行倒闭时,由存款保险公司负责清偿存款人的存款。存款保险制度在一定程度上可以减少存款人挤兑银行的可能性,从而避免银行挤兑风险。

金融市场系统性风险事前防范的主要措施是提高市场透明度,严格市场纪律,以及对做市商等市场影响力较大的金融机构进行风险监管。提高金融市场透明度指的是要求金融市场参与者对自己的风险状况进行披露,要求对金融市场工具的风险进行详细说明。市场透明度是严格市场纪律的前提条件,充分的风险披露制度有助于市场参与者做出理性决策,减少信息不对称带来的风险。由于做市商等市场影响力较大的金融机构的倒闭容易引发市场混乱,从而引起金融市场系统性危机,因此加强对市场影响力较大的金融机构的监管,有利于事前防范金融市场系统性风险。

(2)系统性金融危机的管理

系统性金融危机的管理分为两部分:危机的控制和危机的处理。危机的控制指当危机发生时,政府如何采取恰当的政策手段控制事态,防止危机进一步扩散;危机的处理指政府采取适当的方法处理危机留下的损失,恢复金融体系的健康运行。系统性金融危机发生的原因和结果不同,其危机控制和处理的政策也不一样。一般来说,当系统性金融危机爆发时,可以通过以下控制政策防止危机进一步扩散:

第一,紧急流动性贷款。当银行面临存款人挤兑而出现流动性不足时,中央银行可以向被挤兑银行提供临时性的紧急流动性贷款。当金融市场因为流动性枯竭而急剧下跌时,政府也可以通过中央银行直接向参与市场的金融机构发放紧急流动性贷款稳定金融资产价格。当然,中央银行向金融机构提供紧急流动性贷款的前提是金融资产价格的下跌是恐慌性的或仅仅是因为流动性不足引起的,而不是由于金融资产质量下降造成的。

第二，清算、接管或重组问题金融机构。对于资不抵债的金融机构，应及时清算，防止系统性风险的进一步扩散。对于问题严重但还不足以资不抵债的金融机构，应实行接管，由金融监管部门代为管理，严格控制其业务范围或实施停业整顿，或者引入健康的金融机构对问题金融机构进行并购重组。

第三，给问题金融机构注资。当银行或非银行金融机构因为经济周期、外部冲击、自然灾害等原因暂时陷入困境时，政府可以通过对银行或非银行金融机构的注资，增强问题金融机构抵御冲击的能力，帮助其渡过暂时的难关，从而控制其风险的外溢。

上述控制政策要根据金融危机发生原因而选择性应用。金融危机控制政策往往能在短期内控制危机的蔓延，但真正要解决金融危机留下的一系列问题，恢复金融体系的健康运行，还需要更系统更长远的危机处理政策。同样，对不同性质的金融危机的处理方法是不一样的。对金融危机的主要处理方法有：第一，有条件的政府补贴政策。政府可对银行的不良贷款或非银行金融机构的损失实施有条件的补贴，如使金融机构国有化等。第二，债务减免。政府可直接减免金融机构的应急贷款等债务。但是这种方法可能带来的不利影响是会增加金融机构的道德风险，并可能为下一次的金融危机埋下祸根。第三，建立官方的资产管理公司购买和处理不良资产。政府也可通过官方的资产管理公司购买和处理银行或非银行金融机构的不良资产，使这些金融机构的资产负债表在短时期内恢复健康状况。

此外，也可实行宽松的货币政策。宽松的货币政策导致外汇市场上本币供给量的上升，造成一定的通货膨胀，这会导致本币对外币的贬值倾向。宽松的货币政策可能造成通货膨胀，这在一定程度上减轻债务人的负担。

2.互联网金融系统性风险防范措施

（1）完善信息披露制度

信息披露是预防系统性风险最具可行性的方法，是金融监管的主导性制度安排。有效的信息披露有利于买卖双方做出正确的投资判断，有利于提高金融市场的运作效率，有利于金融资源的合理配置。为防范互联网金融这一新兴行业的系统性风险，应该增强该行业的透明性从而减少风险的隐蔽性。无论是传统的金融机构还是互联网金融机构，都应该加强信息披露制度建设。

（2）增加互联网金融风险敞口的限制

通过限制机构间的金融敞口，可以减少特定合同双方的经济损失，甚至可以降低因该损失导致破产的可能性，因此可以达到分散风险增强金融市场稳定性的目的。此方法在银行业通过限制贷款的方式，对某些特定顾客的最高风险敞口进行限制。由于互联网金融机构之间或互联网金融机构与传统金融机构之间金融资产流通量日益增大，这种限制方法完全可以且有必要扩大到互联网金融机构中。

（3）降低杠杆率

杠杆率越低，金融机构到期无法偿还债务的可能性就越小；杠杆率越高，金融机构承担的债务偿还压力就越大，到期无法偿还债务的可能性就越大。降低互联网金融机构的杠杆率，不仅可以降低该机构破产的风险，而且可以降低由此可能带来的系统性风险，或者减轻系统性崩溃带来的后果，有利于整个金融市场的稳定。

（4）制定避免金融恐慌的相应措施

有的经济学家认为系统性风险与产生货币紧缩的银行恐慌相同，也就是说金融恐慌很可能触发连锁破产。当互联网金融市场出现动荡时，交易对手竞相抛售自己的产品，使金融产品的价格急剧下降，导致更多的金融市场无法正常运营，而这也会导致投资者对互联网金融市场丧失信心，甚至引发恶性循环。因此，制定避免金融恐慌的相应措施，可以达到预防系统性风险的效果，有助于互联网金融市场的稳定。

（5）加强行业自律

在采取上述措施进行系统性风险防范时，可以再加上加强行业自律这一措施，将其作为上述防范措施的有效补充。需注意一点，如果仅仅通过行业自律进行预防系统性风险，是很难取得较好效果的。加强行业自律这种方式需和其他系统性风险防范措施结合使用。

（二）信用风险控制方法

1.信用风险的度量

在实际操作中，信用风险的度量一直是一项非常艰难的任务，因为信用风险并非简单地把信用事件作为唯一动因，而且信用事件本身也并非仅存在一种情况，而是存在着彼此相关、外部表征各不相同的多种情况。因此，信用风险度量的发展可谓是步履维艰且缓慢，它大致经历了从主观性到客观性，从艺术性到科学性的发展历程。信用风险计量方法具体有经验法、计量经济法以及利率期限结构比较法，其中前两种方法代表了当前国际业界信用风险度量模型的主流思路。

（1）经验法

所谓经验法就是通过经验数据，即实际的违约记录，来推断不同信用等级的违约概率。使用经验法的前提是必须拥有样本容量足够大且按时间进行分层处理的信用评级数据库。

经验法最大的特点就是在信用评级时可以全面地考虑所有可能引起企业信用风险发生的主客观因素，这些主客观因素当然包括了一些可量化的因素，如财务数据、财务比率等。此外，这些主客观因素还包括一些不能或者说很难准确量化的风险因素，如管理者素质、行业风险等，这一点是其他信用风险模型难以做到的。

经验法的不足之处在于：第一，它是依赖于以信用评级为基础建立起的数据库而形成的，因而需要大量的样本数据，才能建立起有意义的静态数据库和转移矩阵。第二，它对信用评级因素的选择有极高的要求。因为只有正确地、相对客观地对企业作出信用评级，准确地对研究对象做出归类，才能在此基础上正确估计企业的信用风险以及可能发生的变化情况，进而为其融资成本进行定价。而信用评级不可避免的就是存在一定比例的主观因素，这既是经验法的优点所在，同时也是不利的地方。由于主观判断的准确性无疑与评定人员的个人判断能力和道德风险相关，因而信用评级也就存在着因评定人员的素质差异带来的信用评级的不准确性和不一致性。第三，它是依赖于历史数据的，在假定"历史事件可以重演"的前提下做出判断，因而预测结果必然受限于历史特定的体制条件、商业周期环境或宏观经济环境等。

（2）计量经济法

计量经济法建立在一个基本假设之上，即借款人的违约风险全部反映在财务状况中。因此只要确定了借款人违约指标与其财务指标间的线性关系，就能够通过借款人的财务数据反过来估计借款人违约概率。下面笔者以在该类模型中比较有代表性的线性辨别模型（以下简称"Z 模型"）为例进行讲解。Z 模型以通过信用评分模型计算出的债务人的整体信用状况指标作为因变量（Z）；自变量（X）是选定的财务指标，双方通过建立一个线性模型联系起来。形式如下：

$Z=O_1'X_1+O_2'X_2+O_3'X_3+O_4'X_4+O_5'X_5+ \varepsilon$ （公式 3-1）

其中：X_1 代表流动资金与资产的比率。

X_2 代表保留盈余与全部资产的比率。

X_3 代表息税前盈余与全部资产的比率。

X_4 代表股本市值与长期债务面值的比率。

X_5 代表销售额与全部资产的比率。

ε 代表误差项。

Z 模型通过样本数据得出的回归模型为：

Z＝1.2X1+1.4X2+3.3X3+0.6X4+1.0X5　（公式 3-2）

该模型确认的临界值为 1.64。那么将借款人的财务数据代入公式 3-2，计算出 Z 值，如果该值高于临界值 1.64，则属于低违约风险类别；否则属于高违约风险类别。

计量经济法简单直观、易理解，而且可以通过补充自变量不断完善模型，提高模型的拟合度。如 ZETA 评分模型，就是将 Z 模型的 5 个因素扩展成 7 个因素，它包含了资产回报率，即息税前收益占全部资产的比率；收益稳定性，即资产回报率 10 年期趋势值的标准差；债务负担，即息税前收入占全部利息支付的比率；累积的盈利性，即企业的保留盈余占全部资产的比率；流动比率，即流动资产占全部资产的比率；资本化比率，即普通股占全部资本的比率；用资产总值代表的企业规模。但是因计量经济法缺乏理论基础的支撑，有两个无法克服的弊端：第一，自变量和因变量的线性函数关系没有经过合理的论证，无法从理论上证明 Z 值和 Xi 的线性关系是可靠的、有效的。第二，计量经济法中自变量的选择范围都在财务指标里，但实际上企业的信用风险不仅与其自身的财务状况有关，还受到管理层的情况、行业表现、宏观环境的影响。目前这些因素只能作为虚拟变量加入公式中，而虚拟变量的取值很难做到准确。所以这些非财务风险因素如何加入计量模型中，如何取值，如何确认函数关系是计量经济法改进的突破口。就因为这些暂时无法克服的技术难题，计量经济法在信用风险计量领域的运用受限较大。

（3）利率期限结构比较法

利率期限结构比较法是指通过具有相同到期日的公司债和国债之间的利率差额（即信贷利率差）来推算年违约率。一般来讲，国债是不存在信用风险的，因而国债利率可以看作无风险利率。而对于存在信用风险的资产，作为风险补偿它会提供给投资者一个高于无风险利率的收益率。也就是说，一种债券，其信贷利率差越大，信用风险也就越大。

利率期限结构比较法只适用于国债市场和公司债券市场等规模大、流动性强的市场环境。利率期限结构比较法不太适用于我国，尤其是信用评级对象是那些规模小的并不适宜发行公司债券的中小企业时更不适用。为减小信用风险发生的可能性，许多商业银行都会采用一些信用风险度量模型。互联网金融机构可以结合自身情况，借鉴和改进信用风险度量模型，从而做好风险控制。

2. 互联网金融信用风险的度量

（1）KMV 模型

KMV 模型是美国旧金山市 KMV 公司于 1997 年建立的用来估计借款企业违约概率的方法。这是一种违约预测模型，先根据借款企业的股价的变动情况来测算预期违约频率，然后进一步估算违约损失金额。该模型属于动态模型，是把借款公司的股票信息转换为信用信息，这样便能够尽快了解和掌握借款公司的信用变化情况。此外，该模型也能反映市场信息，具有较强的前瞻性和预测能力。

（2）信用风险组合模型

信用风险组合模型，是瑞士信贷银行在财产保险精算思想的启发下开发出的违约模型。信用风险组合模型只考虑违约或不违约两种状态，同时假定违约率是随机的，并以此为前提度量预期损失、未预期损失及其变化。李琦和曹国华基于信用风险组合模型框架，使用一定时期内互联网信贷平台四个行业的贷款数据，在不同置信水平下，对不同模型下互联网金融的信用风险水平进行比较分析。结果表明，多元系统风险信用风险组合模型能克服其他信用风险组合模型的缺陷，综合考量系统风险和行业风险的影响，能更好地估计贷款组合的非预期损失。信用风险组合模型在互联网金融信贷平台信用风险估计方面可能具有较好的适用性。

（3）信用度量术模型

信用度量术模型可以在受到信用品质变迁影响的情况下，求解信贷资产的价值分布数据，计算出信用风险的 VaR（风险值）。信用度量术模型比较适合度量商业信用、贷款等信贷资产组合的风险。但是，只有在具备完善的征信体系、权威的信用评级公司，以及事先确定的基础利率等条件下，才可能运用此模型度量信用。因此，信用度量术模型广泛运用于互联网金融的难度较大，我国现阶段还无法广泛运用此模型进行信用度量。

（4）宏观模拟模型

宏观模拟模型把宏观因素和转移概率间的关系模型化，用有条件转移矩阵代替基于历史数据的无条件转移矩阵，然后求出对经济周期比较敏感的 VaR。基于国家和各个行业的违约数据，在信用风险量化处于成熟阶段并具备完善数据库的情况下，此模型对于互联网金融进行信用度量的适用性较强，但我国目前还缺乏使用此模型的相应基础条件。

上述几个模型是从理论的角度论述如何评估信用风险，而现实中要做好互联网金融风险防范，最切实有效的方法就是建立和完善个人信用风险管理体系。例如，美国拥有相对完善的个人信用风险评级体系，拥有相应的评级机构和风险评估机构，可以帮助金融机构快速做出准确的信贷决策。个人信用评分体系同样适用于互联网金融，而且将个人信用评级运用于互联网金融的风险控制，将会极大地降低互联网金融风险。因此，在发展互联网金融的道路上，建立个人信用的评估和科学评分体系是至关重要的。

3.我国商业银行信用风险管理技术

长期以来，我国商业银行的风险管理手段都是以定性分析、经验分析为主，定量分析和各种财务工具的运用被放在次要的位置。目前，这种局面已经有较大改进，我国商业银行基本建立起由客户评价体系-客户信用评级法、债项评级体系-贷款风险分类法所构成的两维评级体系。我国互联网金融信用风险控制方法可以参考商业银行的信用风险管理技术和方法。

（1）客户信用评级法

我国各商业银行先后改革了信用等级分类方法，全面引入国际先进的综合分析法，引入了量化评级手段，建立起信用等级评定的评级系统，使信用等级分类上了一个新台阶。

第一，定性分析法。在商业银行的传统定性分析方法中，包括财务报表、行业特征、财务信息质量、债务人管理水平等方面的分析。其中，财务报表分析是最常用、最重要的方法。在商业银行的财务分析中，财务报表是重要的资料。财务报表是对商业银行经营与管理的概括与反映，它以规范的归类方法向股东、客户和监管部门反映商业银行的经营成果，向银行内部管理人员提供分析、衡量经营业绩和控制经营行为的依据。此外，专家分析法也是目前我国商业银行主要的信用风险定性分析方法之一。它由一些富有经验的专家凭借自己的专业技能和主观判断，对贷款企业的一些关键因素进行权衡，然后评估其信用风险，并做出相应的信贷决策。使用此方法时，信贷决策是由专家做出的。对信贷决策起决定性作用的是专业技能，以及对某些关键因素的把握和权衡。

根据专家分析的内容和要素的不同，定性分析法又分为"5C"法、"LAPP"法、"5P"法、"5W"法等。其中，"5C"法具有一定的代表性。"5C"法是通过分析借款人的5项因素从而做出信贷决策，具体因素包括：品格（Character）、资本（Capital）、偿付能力（Capacity）、抵押品（Collateral）、周期形势（Cycle Condition）。然而，不同的专家在对同一借款人的信用进行分析时可以运用完全不同的标准，且具有一定的个人偏好，这样就加剧了银行贷款的集中程度，无法实现收益和风险的合理分布。

第二，定量分析法。定量分析是在财务报表基础上，进一步进行的财务分析。其方法有很多，包括：比率分析法、因素分析法、指数分析法、边际分析法、趋势分析法、比较分析法等，其中财务比率分析法是最重要的分析方法。财务比率一般是通过将同一会计期间财务报表上的相关项目的数据进行相除求得，商业银行的财务比率，一般可分为收益比率、风险比率和其他比率。

第三，信用评分模型法。信用评分模型是将反映借款人经济状况或影响借款人信用状况的若干指标，如借款企业的财务状况，借款人的收入、年龄、职业、资产状况等给予一定权重，通过某些特定方法得到能够反映信用状况的信用综合得分或违约概率值，并将其与基准值相比来决定是否给予贷款及贷款定价。信用评分模型主要包括线性概率模型、评定模型、Probit 模型和线性判别模型等，这些模型已被广泛应用于各种领域。

信用风险度量模型是指由于借款人或市场交易对方违约而导致损失的可能性，以及由于借款人的信用评级的变动和履约能力的变化导致其债务的市场价值变动而引起的损失的可能性。从该定义可以看出，信用风险由两部分组成：一是指交易一方不愿或无力支付约定款项，致使交易另一方遭受损失的可能性；二是信用价差风险，指由于信用品质的变化引起信用价差的变化而导致的损失。信用风险度量模型旨在提供一个进行信用风险估值的框架，用于诸如贷款和私募债券这样非交易资产的估值和风险计算。计算 VaR 有两个关键因素：一是可以在市场上出售的金融工具的市场价值，而大多数贷款不会在市场上公开交易；二是金融工具市场价值的波动性或者标准差。风险价值法提出了一个有创意的解决框架，利用可得到的借款人的信用评级、下一年评级发生变化的概率（评级转移矩阵）、违约贷款的回收率、债券市场上的信用风险价差和收益率，就可能为任何非交易性贷款计算出一组假想的市场价值和标准差，随之算出一项贷款的信用 VaR。

（2）贷款风险分类法

各商业银行全面推行贷款风险五级分类法，"一逾两呆"（逾期贷款是指借款合同到期未能归还的贷款，呆滞贷款是指逾期超过一年期限仍未归还的贷款，呆账贷款则指不能收回的贷款）的期限分类方法逐渐退出历史舞台。我国现行的贷款风险五级分类法以风险为基础，通过判断借款人及时足额归还贷款本息的可能性，把信贷资产分为正常、关注、次级、可疑和损失五类，后三类合称不良信贷资产。

贷款风险分类法的核心是对还款可能性的分析，对还款可能性的把握主要是从财务状况、现金流量、非财务情况和信用支持四个方面，综合考虑还款能力、还款记录、还款意愿、贷款担保、贷款偿还的法律责任和银行的信贷管理等因素的影响。对银行客户的信用评级不同于对贷款的评级，对客户的信用评级是对客户偿还银行贷款的历史纪录、主观意愿和客户还款能力的综合评价；对贷款的评级是在对客户信用评级的基础上，结合贷款方式和违约率大小进行风险评级。在具体实施贷款风险五级分类法的过程中，一些商业银行设计了贷款风险分类的七大量化因素作为分类标准，分别是：借款人经营及资信情况，借款人财务状况，项目进展情况及项目能力，宏观经济、市场、行业情况，还款保证情况，银行贷款管理情况，保证偿还的法律责任。

上述方法均为目前我国传统金融机构经常使用的信用风险管理技术。由于互联网金融并未摆脱其金融本质，因此可以借鉴以上方法，从而不断探索出互联网金融信用风险的管理方法。

4.国外互联网金融信用风险管理经验借鉴

全世界各个国家在互联网金融市场的信用风险管理方面都面临着不小的挑战，因为互联网金融并未改变金融的本质。美国、英国等成熟市场对各类金融业务的监管体制相对健全，相关法律法规较为完善。分析总结先进管理经验，可以有效解决和防范我国互联网金融市场存在的信用风险，促进我国互联网金融市场实现良好发展。

（1）美国互联网金融信用风险管理

风险管理源于美国。1929—1933年，由于受到世界性经济危机的影响，美国约有40%的银行和企业破产，经济倒退了约20年。为应对经营上的危机，美国许多大中型企业都在内部设立了保险管理部门，负责安排企业的各种保险项目。可见，当时的风险管理主要依赖保险手段。1938年以后，美国企业对风险管理开始采用科学的方法，并逐步积累了丰富的经验。20世纪50年代，风险管理发展成为一门学科，风险管理一词形成。20世纪70年代以后，全球性的风险管理运动逐渐兴起。这些年来，美国一直致力于改造和完善风险管控体系，特别是2008年金融危机之后，美国更加重视对金融市场信用风险管理体系的完善。对于互联网金融市场这一新渠道业务，美国政府从宏观到微观建立了相对完善的信用风险管理体系。

第一，根据互联网金融特点，迅速出台相关政策法规。在互联网金融交易过程的风险控制方面，美国政府从网络信息安全、电子签名、电子交易等方面补充出台了一系列法律和文件。例如，《国际与国内电子商务签名法》规定：必须事前向消费者充分说明其享有的权利及撤销同意的权利、条件及后果等，消费者有调取和保存电子记录的权利，消费者享有无条件撤销同意的权利，等等。

第二，构建严密的监管体系并建立互相协作机制。以对第三方支付的监管为例，美国政府出台了《美国爱国者法案》《诚实借贷法》等，并要求联邦和州两个层面，采用现场和非现场核查手段重点对交易过程进行严密监管，以最大限度地减少损害消费者权益的行为。例如，《美国爱国者法案》规定，将第三方支付平台定位为货币服务企业；第三方支付平台要在美国财政部的金融犯罪执法网络注册，并及时汇报可疑交易，保存所有交易记录；等等。

第三，设立专门信息平台，对接互联网金融消费者各类需求。随着大量金融业务迁至互联网上，各类高科技网络诈骗花样百出。对此，美国政府设立专栏网站，实时更新互联网诈骗、消费者权益受损等案例，开展广泛的互联网消费权益警示教育，促进公众提高风险防范意识和自我保护意识，旨在降低互联网金融消费损失。此外，美国联邦调查局和美国国家白领犯罪中心联合组建了互联网犯罪投诉中心，消费者一旦发现权益受到侵害，可通过电话、电子邮件和上门等多渠道进行投诉。

第四，微观审慎的监管。根据互联网金融市场变化，对新推出的各类产品制定详细完善的监管规则。比如，对于市场新推出的众筹业务，美国政府主要是从防范风险、保护投资人的角度制定监管规则的。首先，对项目融资总规模进行限制，如每个项目在12个月内的融资规模不得超过100万美元。其次，对投资人投资规模进行限制。根据每个投资人的财务情况对投资规模进行限制，如投资人年收入低于10万美元，总投资额不能超过2000美元或其总收入的5%。

（2）英国互联网金融信用风险管理

英国除了像美国一样，将互联网金融纳入现有监管框架内，补充制定相关法律法规外，还进行了一些有特点的尝试。

第一，行业自律组织承担监管职能。英国金融行为监管局负责监管各类金融机构的业务行为，当然也包括对互联网金融行业的监管。英国是世界上金融服务比较完善、健全的国家之一，并且通过金融行为监管局对所有在其境内注册的金融机构进行严格的监管。但因英国金融行为监管局制定互联网金融方面的法规流程较长，在具体法规流程未出台前，允许自律性较强的行业协会承担相关监管职能。例如，英国建立了一家小额贷款行业协会，该协会已发展成为良好的行业自律组织，协会章程对借款人设立了最低标准要求，对整个行业良性竞争、保护消费者合法权益起到了很好的促进作用。

第二，充分结合现有征信体系，促进信用信息双向沟通。英国利用市场化的征信公司建立了完整的征信体系，可提供准确的信用记录，实现机构与客户间对称、双向的信息获取；同时与多家银行实现征信数据共享，将客户信用等级与系统中的信用评分挂钩，为互联网金融交易提供事前资料分享、事中信息数据交互、事后信用约束服务，以降低互联网金融交易风险。

5.互联网金融信用风险管理建议

（1）丰富互联网金融市场信用数据库，加快配套征信系统建设

一方面，创建互联网金融数据库，全面采集互联网金融平台信息，建立覆盖全社会的互联网征信体系数据库，同时关联中国人民银行征信系统，对比完善互联网金融数据；另一方面，将互联网金融市场信息传递给中国人民银行征信系统，实时更新征信信息，全面共享数据库信息，为客观评价企业和个人信用提供良好的数据保障。

（2）设立互联网金融投诉平台，掌握一定的信用违约数据

可以参照美国的做法，由中国人民银行、公安部等部门联合成立互联网金融犯罪投诉中心，接受消费者多渠道投诉，掌握市场真实信用风险状况。同时设立专门网站，实时更新诈骗案例，对公众进行互联网消费权益警示教育，使其提高风险防范意识和自我保护意识。

（3）开发面向互联网市场的信用风险识别和分析方法

一方面，以互联网金融数据库平台为基础，通过大数据、云计算等挖掘和分析工具甄选价值信息，并与传统信用风险度量模型结合，开发综合型信用分析方法，通过对数据库信息的整合、深入分析和加工，建立互联网金融市场评分机制和信用审核机制；另一方面，由于互联网金融市场属于新兴市场，参与主体多为非专业金融机构和人士，对互联网金融风险的预测和控制能力相对较弱，因此可在数据库平台上增加信用风险自评模块，方便互联网金融企业通过平台数据监测自身风险能力、改进业务营运环境，完善金融网络多边信用环境。

（4）构建互联网金融信用风险评价体系

构建完整的互联网金融信用风险的评价指标体系，加大对互联网金融平台的审查力度，做好信用风险的预警模型，对风险"早发现，早预防，早控制"。常见的信用风险评价方法有层次分析法、灰色关联度法、逻辑回归模型法，以及主成分分析法等。笔者认为，采取适当的信用风险评价模型来评估互联网金融的信用风险，是不错的选择。

二、互联网金融风险管理策略

（一）转变经营观念

长期以来，我国金融行业一直秉承着以"经济效益"为核心的理念。然而在现代社会，金融行业的本质是服务大众，以"经济效益"为核心的经营观念已经无法适应现代社会的发展需求。为此，在互联网金融模式下，金融机构就必须积极转变经营观念，树立风险意识，由注重"经济效益"转为注重"服务质量"，全面落实风险管理意识，以推动金融行业的健康发展。

（二）加大专业人才的培养

随着互联网金融的发展，金融市场对互联网金融专业人才的需求越来越大，因此加大专业人才的培养是很有必要的。一方面，必须加大专业互联网金融人才的培养。对于这类人才，不仅要加强互联网金融专业知识的教育，同时还要不断提高其风险意识，以及加强计算机相关知识培训。另一方面，我国政府及相关部门要给予一定的政策扶持，为互联网金融人才的培养提供保障。另外，金融机构还应当加强对外联系，不断引进优秀人才，不断学习国外先进管理经验，进而不断提高我国互联网金融管理水平。

（三）完善风险管理机制

在互联网金融模式下，风险是一直存在的，互联网金融机构要想不断发展，就必须做好风险管理工作。首先，互联网金融机构必须健全风险管理机制，做好风险评估工作；其次，互联网金融机构要全面落实风险管理责任制，将风险管理责任落实到个人。

为了更好地促进互联网金融的发展，有效规避风险，我国的金融行业必须坚持不懈地抓好风险管理，在金融行业内部建立有效的信用风险、市场风险和操作风险等的全程量化和立体的全面风险管理体系，进而为金融行业的发展创造良好的环境。

（四）提高对风险管理的认识

金融机构在利用互联网金融进行产品创新时很容易忽视风险管理工作，进而增加金融风险的发生率。为此，在发展过程中，互联网金融机构首先必须提高对风险管理的认识，在产品创新的道路上时刻保持较高的风险意识。政府也必须加强宏观调控，提高商业银行对风险管理的认识，进而为我国金融市场的发展提供保障。互联网金融机构必须提高自身对风险管理的认识，推动金融行业风险管理制度的完善，进而促进金融行业的健康发展。

（五）建立有效的信用评价体制

信用风险作为互联网金融风险的一种，它指的是交易对手未能履行约定契约中的义务而造成经济损失的风险。为了避免信用风险的发生，应建立有效的信用评价体制。加强社会信用制度建设，建立完善的社会信用体系，可以有效减少金融风险，促进金融行业的健康发展。我国政府及相关部门应完善企业、个人信用评价体系，完善互联网身份认证系统等，以促进金融行业的健康发展。

（六）加大网络安全技术的应用

互联网金融是以互联网为依托的，因此网络安全风险对互联网金融的发展有着巨大的影响。网络安全风险不仅会威胁到互联网金融机构的利益，同时也会影响到广大人民群众的利益。为此，在发展过程中，为降低网络安全风险，互联网金融机构必须加大互联网安全技术的应用，如加强防火墙技术、加密技术、身份认证技术等的应用。

第四章 移动支付的风险及防范

第一节 认识移动支付

网络信息技术在金融领域的广泛应用极大地推动了传统金融产业的创新与变革，移动支付就是网络信息技术与金融产业融合的重要成果。移动支付是用户通过手机等移动终端对消费的商品或服务进行支付的一种方式，与传统支付方式相比，移动支付具有"随时、随地、随身"、产业链长、行业跨度大、社会影响面广等特点。

在我国，目前移动支付在技术标准、运行模式、风险控制等方面还存在诸多风险制约因素，亟须研究相应的风险防范措施，以促进移动支付行业的健康发展。

移动支付也被称为手机支付，是指消费者可以利用手机、平板电脑等移动终端对所消费的产品或者服务进行账户支付的一种方式。个人或者单位通过互联网设备、移动设备或者近距离传感设备，以间接或者直接的方式向金融机构发送支付指令，从而产生资金转移行为或者货币支付行为。

一、移动支付的形式

移动支付将金融机构、移动运营商、互联网与终端设备相连接，为用户提供货币支付、货币转移、缴费等多项金融业务。移动支付包括远程支付与近场支付两种形式，如下图所示：

第四章 移动支付的风险及防范

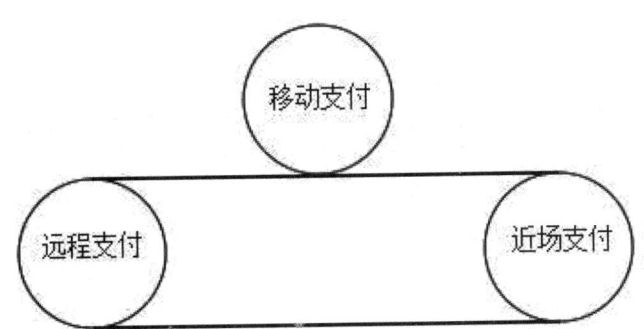

指通过指令的方式（如手机支付、电话银行支付或者网上银行支付等）借助支付工具（如汇款、转账、快递）进行的支付方式，如掌上充值等均属于远程支付。

是利用手机刷卡的形式进行购物、打车等日常消费，较为方便、快捷，符合现代都市的消费观念。

移动支付不论采取哪一种形式，都与互联网金融有着密切的联系。

二、移动支付的产业链构成

移动支付产业链主要由移动运营商、银行、移动设备提供商、移动支付服务提供商、商家以及用户构成，产业链中的每一个角色都有着清晰的定位，详见下表：

移动支付产业链	角色定位
移动运营商	是连接金融机构、服务提供商、商家，以及用户的重要通道，主要功能是为移动支付搭建通信渠道，搭建移动支付平台。
银行	掌握巨大的用户资源，并拥有强大的资金支持，通过手机号码与银行卡绑定，为移动支付平台建立一整套完善的支付体系。
移动设备提供商	为移动支付平台提供设备服务，满足用户实现移动支付的终端要求，解决移动支付过程中的业务问题。
移动支付服务提供商	是移动运营商与银行之间沟通的桥梁，充当第三方独立支付方，具备协调与整合能力，为用户提供市场反应效果良好且适合的移动支付服务。
商家	在移动支付中通过便捷的移动支付终端，减少支付的复杂流程，提升客户满意度，从而扩大移动支付的适用范围，具备从属性。

续表

移动支付产业链	角色定位
用户	移动支付服务的最终使用者,其对移动支付的爱好与接受程度均是决定未来移动支付发展的重要因素。

第二节 移动支付的风险分析

移动支付的风险主要集中在政策风险、技术风险、金融法律风险、信誉风险四个方面。

一、政策风险

移动支付作为新兴业务,缺乏行业规范,尤其是准入政策和监管政策。行业中涉及的资源共享、服务质量保证、服务规范等都需要有明确的规定,唯有如此,业务才能健康发展。移动支付业务的核心是支付,移动支付相关政策成为各方关注的焦点。移动支付处于电信增值业务与银行增值业务之间的交叉地带,有着不同的业务类型。国内非银行机构推动移动支付的积极性比银行更高,但移动支付涉及的金融业务必须接受金融监管,这无疑提高了市场准入门槛。由此可以看出,政策风险是移动支付业务发展无法回避的障碍。

二、技术风险

移动支付技术风险主要是支付的技术安全风险和技术开展风险。技术安全风险包括两方面:一是数据传输的安全性风险;二是用户信息的安全性风险。

数据传输的安全性风险是客户对移动支付最为关注的问题，用户信息的安全性风险同样值得关注。短信支付密码被破译、实时短信无法保证、身份识别不够准确是移动支付面临的主要技术难题。手机作为通信工具时，密码保护显得十分重要，当手机作为支付工具时，其重要性更加突出，丢失手机、密码被攻破、感染木马病毒等问题都会给用户造成重大损失。

三、金融法律风险

移动支付中容易引发的金融法律风险主要包括沉淀资金的法律风险和洗钱的法律风险。

（一）沉淀资金的风险

在移动支付过程中，用户将资金存入账户中和资金支付间存在时间差，由此容易产生在途资金等沉淀资金，这些沉淀资金的收益将会产生一系列的问题。尤其是有的机构擅自挪用沉淀资金，而这一行为产生的一系列的后果将有可能引发金融法律风险。

（二）洗钱的风险

由于移动支付这一新兴的支付方式方便快捷，很有可能被一些不法分子利用，进行不当收益的漂白活动，因而洗钱也是移动支付可能引发的一种金融风险。

四、信誉风险

开展移动支付，可靠的服务平台至关重要。金融机构要持续提供安全、准确、及时的移动金融服务，通信运营商服务质量也要有保障。如果客户在移动支付过程中遇到严重的通信网络故障，或由于银行信息系统的不完善而造成客户资金的流失，将会使客户不再信任移动支付，引发信誉风险。

第三节 移动支付技术面临的安全风险

移动支付的整个系统主要包括客户端、网络通信、应用服务端三大部分,因此系统可能面临的安全风险也主要体现在这三个环节。

一、客户端风险

(一)客户端应用程序自身的风险

由于智能手机尤其是 Android(安卓)手机的生态环境较为开放,权限控制灵活,应用分发渠道众多,而 Android 应用又是基于 java 语言开发的,具有易反编译、易修改等特点,所以 Android 应用自身可能面临诸多风险,如下图所示:

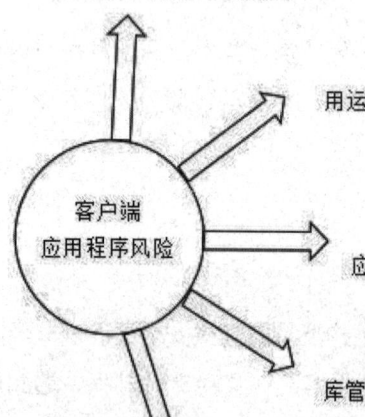

被反编译,盗版者通过对应用进行反汇编、反编译获取应用核心代码,并加以利用。

动态调试,获取或修改内存数据。用户通过调试工具,在应用运行过程中修改内存数据。

被非法植入广告代码,如盗版者通过替换、植入的形式,在应用中捆绑第三方广告代码,获取非法收入。

取得 root 权限,获取或修改数据存储文件。用户通过数据库管理工具,修改应用保存的数据库文件。

被篡改、盗版等,如动态注入外挂、木马等恶意内容;盗版者通过破译,向应用添加外挂、木马等恶意内容,窃取用户的账户密码等隐私信息。

（二）基于仿冒应用的钓鱼欺骗风险

不法分子仿冒正版应用软件，诱骗用户安装，进而窃取用户输入的账号、密码、身份证号、交易内容等敏感信息。

（三）基于短信、网站欺诈的钓鱼欺骗风险

不法分子通过伪造或者仿冒银行专用短信号码，向客户发送类似于程序升级、客户某些设置过期需要修改之类的短信，诱导客户前往钓鱼网站输入登录名、密码、卡密码、动态设备密码等信息，然后同步使用客户的账号、密码来登录应用，从而非法获利。

（四）界面劫持风险

病毒或者木马程序在后台检测到客户启动金融类应用程序时，弹出一层透明的界面到其操作界面上层，当客户输入用户名及密码时，以为是在金融机构发行的正版应用程序的界面上输入，实际上则是被非法软件截获。

（五）暴力登录尝试风险

暴力登录的初级版本是利用攻击程序或者脚本，固定登录用户名，自动化尝试可能的密码组合，直到正确为止。但一般的应用都限制了登录密码连续输错的次数，当密码连续输错超过一定次数后，密码会被临时锁定。后来，暴力登录演化出了一种新方式：固定一个常用密码，枚举所有可能的用户名，直到成功。

（六）外联风险

开放性是互联网的一大特性。很多移动金融应用为了充分整合外部资源，以应用程序集成或以网络接入的方式引进了不少第三方应用或者服务。当第三方应用出现安全漏洞时，对于集成它的移动金融应用及客户来说，也会带来直接风险，如信息泄露、资金转移等。

二、网络通信的安全风险

（一）通信信道的风险

从移动终端发出请求，经过运营商网络或互联网，到达防火墙，在这样的一个过程中，信息在多个不同的组织和节点中传输，如接入点、ISP（Internet Service Provider，网络业务提供商）的路由器、交换机、骨干网络等，如果采用普通的 HTTP（Hypertext Transfer Protocol，超文本传输协议），当不怀好意的用户侵入这其中任何一个节点时，都有可能窃取、修改传输的数据。

（二）HTTPS 嗅探劫持

为保证网络通信信道安全，业界通用的做法是采用标准的 HTTPS（Hypertext Transfer Protocol Secure，超文本传输安全协议）。但是，国内某机构网络安全中心在日常终端安全审计中发现，在 Android 平台中使用 HTTPS 通信的应用程序绝大多数都没有安全地使用 Google（谷歌）提供的 API（Application Programming Interface，应用程序编程接口），直接导致 HTTPS 通信中的敏感信息泄漏甚至远程代码执行。

究其原因，开发者在使用代码开发测试自己产品的 HTTPS 功能时，会因无法通过 Google API 的 HTTPS 证书合法性而发生多种类型的 HTTPS 异常。为解决上述异常，开发者通常会采用覆盖 Google 默认的证书检查机制的方式，为信息泄露埋下隐患。黑客可通过流量劫持，截获 HTTPS 握手时下发的证书，替换为伪造的假证书。随后，全部的 HTTPS 数据都在监控之下，可随意篡改数据包的内容。

三、应用服务端的安全风险

移动支付应用服务端的安全风险主要表现在以下三个方面：

（一）DDOS 攻击的风险

DDOS 是 Distributed Denial of Service 的缩写，即分布式阻断服务。虽然很多移动支付应用程序采用了安全的加密信道，也采用了网络防火墙技术，但是当攻击者利用分布式服务器，结合自动化程序或者脚本，频繁地向应用程序的服务端发起请求时，可能会造成系统资源被大量占用，从而导致服务端响应变慢甚至瘫痪。

（二）Session（时域）重放攻击的风险

黑客通过监听与截获，将用户从客户端发给服务端的请求重新发送一遍，从而试图重复被监听者之前进行过的操作，如转账、查看关键信息等。

（三）SQL注入的风险

结构化查询语言（Structured Query Language）简称SQL，是一种特殊目的的编程语言。当应用程序对于输入值合法性判断得不够完备时，同时，服务端逻辑以用户或者外部的输入直接动态构造SQL查询的命令，将改变SQL查询语句本来的语义，从而导致执行任意的SQL命令，泄露或者篡改SQL数据库的敏感数据。

第四节 移动支付技术安全风险的应对意见

对于上述列举的各类问题或攻击，互联网金融机构如果能采取针对性的技术措施，可以进行有效防范，大大降低风险。

一、客户端程序安全加固

针对移动金融客户端（尤其是Android应用）所面临的风险，如被破解、盗版、篡改、动态调试、修改本地文件等，已有许多专业的安全公司具备了对移动应用进行安全加固的技术，通俗的说法就是"加壳"，通过对应用程序本身进行加密保护，来大幅增加上述一系列攻击行为的难度，从而有效降低风险。建议金融机构借鉴、研究相关"加壳"技术或者与专业安全机构合作，在移动应用程序发布前，进行有效的安全加固。

二、钓鱼应用和钓鱼网站的防护

针对钓鱼类的风险,在运营层面上,互联网金融机构要通过多种渠道加强客户的宣传教育,广泛告知客户下载客户端应用的正规方式,防止客户下载山寨版应用;提示客户谨慎进入不确信的网站,并不要将自己的个人信息(各类密码、动态码等)随意泄露,以免造成不必要的损失。

在技术层面上,互联网金融机构可以考虑和专业的第三方安全公司合作,一方面,引入应用检测机制,当用户安装非官方应用时,警告客户不要安装甚至阻止安装;另一方面,对各分发渠道、论坛、网站等进行检索、分析,尝试自动发现山寨应用、钓鱼应用的来源,并会同有关部门采取必要措施。同时,应用层面还要加强对用户身份认证的能力,如手机号绑定、终端绑定、USB Key 硬件证书等,加大"钓鱼"难度。

三、应用"清场"机制

对于界面劫持之类的风险,当应用检测到自身被遮罩或者切换到后台时,建议给客户以警告提示。更进一步,应用在启动时或者进行关键性交易前,可以考虑引入"清场"机制,清除在后台运行的可疑程序。

四、防自动化登录

"撞库"或者暴力登录类攻击,其本质是利用自动化程序进行频繁尝试,所以互联网金融机构的应对措施就是加大自动化尝试的难度。例如,设置密码键盘、复杂的图形验证码,绑定用户名与终端等。

五、HTTPS 安全

网络通信层的信息安全,基于 SSL(Secure Socket Layer,安全套接层)的 HTTPS

一般就能满足安全传输要求。但是正如上面所列举到的，在 Android 平台使用 HTTPS 通信时，如果没有安全地使用 Google 提供的 API，同样会存在信息泄露的风险。所以，在产品研发环节，一定要严格按照安全标准和规范来进行开发。

六、网络入侵检测和应用监控

针对应用服务端可能面临的 DDOS 攻击，一方面互联网金融机构可以在网络层尝试进行入侵检测和控制，如借助防火墙的访问控制，做到以下五点：

第一，过滤接口调用错误的网络请求。

第二，过滤机器人主动频繁的网站请求。

第三，过滤 DDOS 持续的网络攻击。

第四，过滤黑名单 IP 地址。

第五，采用超时中断处理机制，防止无动作连续被非法劫获。

另一方面，应用层也可以增加监控和检测机制，当识别到某一用户名短时间内频繁登录系统，或者同一用户多笔业务操作间隔明显低于正常情况时，也可以采取适当的限制措施。

七、对外接应用的审核、安全检测及应急切断

为了防范外联风险，在业务和运营上，互联网金融机构一定要制定严格的外部应用接入规范，增加规范审核、安全检测等机制。同时，要建立有效的应急机制，一旦接入的外部应用出现安全漏洞，要及时对入口进行临时限制或屏蔽，并同步做好客户的引导支持。

八、其他传统风险的防护

对于 Session 重放、SQL 注入，以及其他传统互联网应用同样面临的风险，成熟的解决方案有很多：一方面要求互联网金融机构的开发人员严格按照开发标准和安全规范

来执行，如输入输出合法性检查、SQL 编程规范等；另一方面要求开发人员在进行系统设计时，充分考虑各环节风险的应对措施，如预防 Session 重放的随机数机制、基于安全信道的一次一密加密机制等。

随着新技术、新手段的不断发展，各种新的风险也会不断出现，系统安全的加强是无止境的。尤其是在移动金融迅速发展、影响力越来越大的背景下，移动金融应用的整体信息安全要求也越来越高、越来越重要，互联网金融机构只有从制度、技术、业务、运营、维护等多个层面、多个环节加强重视，共同努力，防微杜渐，才能保障移动互联网时代的金融安全，为移动金融的健康发展保驾护航。

第五节 移动支付风险防范建议

目前，我国移动支付行业的发展存在着多重风险，相关监管部门应当分析当前的风险因素，完善移动支付发展环境，强化移动支付的风险控制。

一、尽快完善相关法律法规

我国的移动支付起步晚，相关法律法规和制度体系建设并不十分完善。为了使移动支付健康发展，央行、工信、公安等相关部门要结合我国移动支付发展的情况，进一步明确移动支付的准入监管政策，积极支持移动运营商接入公安部公民身份信息核查系统，促进账户实名制的落实，实现风险预防端口前移。

同时，应针对性地出台相关法律法规，制定移动支付服务市场准入和退出制度。同时，加大对网络犯罪行为的打击，并且制定专门的法律，为依法严惩犯罪分子提供必要的法律保障，确保移动支付业务的健康发展。

此外，消费者权益保护部门应参照发达国家的有益经验，结合移动支付虚拟性、交易环节较多等特点，修订完善《中华人民共和国消费者权益保护法》，建立健全移动支付交易消费者权益保护机制。

二、加快协同监管体系建设

移动支付作为一种新型的支付方式，其市场参与者涵盖了商业银行、电信运营商、移动内容提供商、运营支持服务的技术供应商等。其他国家的移动支付一般都具有明确的监管部门和清晰的职能分工。例如，韩国对电子支付的监管侧重准入管理，要求所有从事支付业务的机构都要取得准入许可，接受金融监管委员会的监管；日本的信用卡、预付费卡，以及移动支付业务均属日本经济产业省管辖。

在我国金融行业分业监管的格局下，移动支付急需建立协同监管机制，促进产业融合发展。首先，要按法定职权，梳理移动支付产业各监管部门的监管职能和分工；其次，尽快协调制定专门的移动支付管理办法，为移动支付业务持续健康发展构建完整的管理框架；最后，在日常监管中积极探索建立移动支付联席工作会议机制，研究移动支付监管的最新问题和主要风险点，协调出台联合产业政策，形成监管合力。

三、加强产业协作

我国的移动支付参与主体基本处于"单打独斗"的状态。2012年，在移动支付标准颁布后，跨行业的合作虽然有所展开，但合作的范围较窄，融合的程度也十分有限。三大电信运营商通过分别寻求金融系统合作伙伴，研发推出NFC（Near Field Communication，近场通信）产品，增加自身客户黏性，开始新一轮的排他性竞争。

中国银联和三大电信运营商均建立了各自的可信服务管理。商业银行的手机钱包、第三方支付机构的支付产品、各机构拓展的行业应用等关联的银行卡账户一般都局限于自身或合作银行，这不仅会影响客户的使用体验，阻碍联网通用、共同发展，还制约了业务的发展壮大，造成重复建设和社会资源的浪费。

从国外经验来看，韩国电信运营商与信用卡公司通力合作，降低移动业务费率，同时信用卡公司将收单收益返还给消费者和商户，推动移动支付的普及，共享市场发展成果，这一做法无疑对我国移动支付产业各方协作共赢有着积极的借鉴意义。

（一）协调各方利益，加强合作共赢

监管部门和行业联盟要协调参与各方的利益，加强产业链各环节间的协作配合，促

进跨行业融合，积极推动产业合作试点，倡导合作共赢的移动支付发展模式。

中国支付清算协会已于2012年底成立移动支付专业委员会，并发布了移动支付行业的自律公约，要在此基础上扩大移动支付联盟参与者的范围，提高行业联盟的影响力，探索建立合理的近场支付商业模式，协调利益分配机制，加快近场支付商圈建设，整合各方商户资源，共同推动移动支付受理商户成片、成街、成圈，逐步优化移动支付客户体验，引导参与各方找准自己的市场定位，联合开发交通、教育、水电煤气领域的近场支付业务，真正实现便民惠民的目标。

（二）积极培育开放共享的竞争环境

首先，要通过政策规范、业务监管等方式鼓励支付业务创新。我国移动支付尚处于起步阶段，要以市场为导向，充分调动移动支付参与者的积极性，鼓励各家机构在大力营销适合基础设施完善地区的高端技术解决方案的同时，也要积极在金融网点缺乏、服务供给不足的农村地区推广低成本移动支付商业模式，实现齐头并进。

其次，要合理设置移动支付服务市场的准入门槛，允许多方参与主体提供服务，参与市场竞争；要保障产业资源共享，防止垄断，保障移动网络通道开放共享。

四、加强安全保障体系建设

移动支付的安全不仅涉及智能终端安全、通信安全、支付平台安全等技术安全，也涉及资金安全。我国移动支付面临的技术安全威胁正在不断增加，移动支付的安全形势不容乐观，这主要表现在三个方面：

第一，移动网络的安全形势严峻。

通过网络植入于手机中的恶意软件、木马程序很有可能篡改、泄露客户信息资料，导致资金损失。

第二，移动数据传输的保密性问题突出。

采用钓鱼网站、密码短信拦截、交易确认信息拦截、中间数据截取等方式，盗取客户资金的案例频现，支付机构资金诈骗事件屡有发生。

第三，个人信息保护机制尚不健全。

个人手机号码、账号等敏感信息的保护机制不完善，垃圾短信和欺诈短信泛滥，以手机为载体的诈骗形式层出不穷。

因此，在加强安全保障体系的建设方面，可以从以下两方面入手：

（一）加快国家级可信服务管理平台建设

可信服务管理平台（TSM）是一个可实现基于安全模块的各类应用发行、管理等功能的开放服务平台。TSM 采用机构注册方式，保障应用的发行方和相关检测机构符合技术安全资质，通过对支付应用的生命周期管理，规范应用发行，确保应用符合标准、安全可信、联网通用，通过数字证书与密钥管理，实现移动支付应用的安全身份认证。

要构建开放、平等、共赢的国家级可信服务管理平台，还需要各监管部门的协调和指导，加快出台平台整合的政策，加大对跨部门平台建设的扶持力度，实现各地方和机构 TSM 系统的互联互通、各平台资源的整合优化和业务统一监管，使各参与方深入合作，为广大客户提供跨行业一站式的安全可信的服务体验。

（二）加强安全单元的应用和载体管理

安全单元（SE）是负责交易关键数据安全存储和运算、支持多应用动态管理和运行安全的部件。承载 SE 的介质被称为安全载体。移动支付标准明确的安全载体有 SIM 卡（用户身份识别卡），储存卡，内置 SE 的全终端、双界面 SIM 卡。加强这些应用和载体管理主要需做好以下两个方面的工作：

（1）加强安全应用功能的有效管理

加强移动支付密钥管理系统和证书认证体系的建设，完善密钥发放和认证、检测等相关配套产业链体系，规范 SE 安全应用功能的使用，提高移动支付交易的安全性。

（2）积极拓展 SE 的多应用管理功能

SE 的多应用管理功能能够在 SE 发行后，动态加载新的应用供用户使用，支持多应用共存，确保不同应用间互不影响，安全运行，有效解决诸如移动支付应用中的一卡多账户问题。

五、健全移动支付律法体系

我国移动支付立法首先应厘清电子支付各主体的权、责、利，突出对消费者资金安全、个人信息、知情权和损失赔偿方面的保护,更好地保护金融消费者的合法权益。其次应细化对防范移动支付犯罪、洗钱等的规定。

移动支付在客户身份识别、资金转移、反洗钱监测等方面都有其突出的特点,例如,移动支付在一个业务流程中,会同时面临银行机构、支付机构和电信运营商等多名反洗钱义务主体,只有进一步研究和细化以上主体在客户身份识别、可疑交易、大额交易报告和客户身份信息保存等方面的反洗钱职能分工和责任认定,才能对移动支付进行有效的反洗钱监测,打击利用移动支付进行非法资金交易的行为。

六、加强移动支付服务和监管

移动支付的发展在创新支付方式的同时,对中央银行支付清算服务提出了新的要求,也对中央银行支付体系监督管理提出了新的挑战。中国人民银行具有金融服务的法律职责,处于支付清算体系的核心地位。中央银行应针对移动支付的特点及发展趋势,根据市场需求,建立跨行移动支付平台,促进移动支付业务的安全、高效处理。同时,密切关注移动支付的发展,逐步将其纳入支付系统的日常监管范围,防范支付风险,促进移动支付的健康发展。

第五章　互联网票据的风险及防范

第一节　互联网票据平台的作用

票据理财是指商业银行将已贴现的各类票据,以约定的利率转让给基金、信托中介,信托中介经过包装设计后,出售给投资者。简单地说,票据理财就是银行将客户的资金用于投资各类票据的理财产品。

互联网票据作为互联网金融的一部分,主要是借助互联网技术、移动通信技术提供商业汇票服务的一种业务模式。它与银行理财产品相比,因具备更高的收益而受到很多投资者的追捧。但近年来,互联网票据理财市场风险事件频发,投资者要想做好互联网票据投资理财,不仅需要关注产品收益率本身,更重要的是掌握辨识风险的技能。

互联网票据作为互联网金融的一部分,主要是指借助互联网技术、移动通信技术提供商业汇票服务的一种业务模式,它的发展对实体经济和票据业务都有着积极的作用。

一、有效缓解小微企业融资难的问题

互联网票据的生长点在于小额票据,而其持有者往往是小微企业,小微企业融资需求大、贴现难度高,难以通过银行获得融资。

据统计,目前在国内票据市场流通的票据中,20%左右为面额低于500万元的小额票据,小额票据的市场规模达到了约9万亿元,然而持有小额承兑汇票的企业,往往只能将汇票质押给票据中介,并付出高昂的贴息,有时候贴息率甚至达到20%。

互联网票据的出现,不仅大大降低了小额票据贴现的成本,而且使得流程更为快捷,有效地破解了传统小额票据贴现过程中遇到的成本及技术瓶颈,盘活了市场上沉淀的小

额票据存量,拓宽了中小微企业的融资渠道。

二、为个人投资者提供新的理财渠道

目前票据市场的主要参与者均是机构,包括企业、银行、财务公司、信托、基金等,个人无法经营票据业务,但通过互联网建立的票据交易平台使得票据中介业务多了一个交易方,即个人投资者。票据交易平台与传统中介公司形成竞争关系,既体现了互联网金融的普惠性,也促进了实体经济融资成本的下降。

三、更广泛地满足实体经济融资需求

票据业务本身直接对接实体经济,虽然目前由于收益率原因,互联网票据主要集中于小额票据,为中小企业服务,但当票据利率整体上扬时,互联网票据亦可以通过集结小众资金来服务于大中型企业,从而更为广泛地满足实体经济融资需求。

四、促进票据市场规范发展

互联网平台本身不具有票据从业资质及审验票据和托管、托收票据的能力,如果和银行、正规票据专营机构合作,并借助自身的信息优势,可以规避民间票据中介一些不合规的影响,从而遏制现存的大部分票据乱象。

五、促进均衡利率的发现

随着利率市场化的推进,以及互联网信息对称、竞争公开的特点,互联网票据能够客观地反映市场供求双方的价格偏好,有利于寻找票据市场的均衡利率,维护市场的稳定。

第二节　互联网票据理财的主要业务模式

近年来互联网票据理财发展较为迅速，形成了票据质押融资模式、票据收益权转让模式和衍生业务模式等三大业务模式。

一、票据质押融资模式

票据质押融资模式以投资者作为出借人，以持票人作为借款人构建债权债务关系。融资企业把持有的票据质押给互联网票据理财平台指定的合作银行，由该银行作为质权代理人持有及托管票据，投资人通过互联网票据理财平台把资金出借给融资企业，企业按期还款后解押票据。在借款人违约情形下，互联网票据理财平台有权通过质权代理人（合作银行）向承兑银行进行托收，托收回款用于兑付投资人本金收益。

二、票据收益权转让模式

票据收益权转让模式将票据作为基础资产所衍生的一切及任何现金流入收益创设收益权，并将该等收益权整体或者经拆分后向投资者进行转让。

具体而言，前述收益权作为一种具备债权性质的合同权利，一般包括票据经持票人提示付款所产生的资金收益，票据经贴现或其他处置/出售所产生的资金收益，票据被拒付后对背书人、出票人及票据的其他债务人（如有）行使追索权后取得相关票款的权利等。

该模式的特点是，投资者与融资方仅具有一种债权债务关系，融资方对于投资者的还款义务仅受限于票据是否产生现金流入收益。若因票据自身固有风险导致未产生现金流入收益的，融资方不会以自身信用介入并因此成为债务人。部分平台之所以采取票据收益权转让模式而非票据转让的模式，是为了规避票据在法律上无法分割转让的问题，省却为票据背书的麻烦。该模式与票据质押融资模式相比，其弱点在于，如果票据收益权所对应的现金流不足以覆盖本金及收益，则平台及投资者不能向融资方进行追索。

三、衍生业务模式

目前，市场上出现了一些在票据质押融资模式基础上衍生出来的互联网票据理财模式，包括委托贸易付款模式及信用证循环回款模式等。

委托贸易付款模式，是指平台事先就要与借款人确认不再赎回票据，相当于买断票据，然后另找一个有贸易支付需求的购货商，在收取一定费用的情况下代其以票据进行支付，相当于以一张票据进行了两次交易。

在信用证循环回款模式中，融资企业把票据质押给平台，平台委托银行或第三方托管，投资人通过平台将资金借给融资企业；平台与融资企业约定，在项目存续期间平台有处置票据的权利，但项目到期后票据必须归位、解押，由融资企业赎回。项目存续期间，平台把票据出质给银行，银行结合平台线下的代理进口业务开具信用证，信用证在境外银行贴现后转化为现金，再结合平台线下的代理出口业务实现资金回流境内。整个信用证境内外汇款的过程，进出口企业需要给平台线下业务交付中介费用。

这两种模式的产生既有平台为创造较高理财收益以吸引投资者的原因，也有自身赚取超额收益的需求。虽具有一定的操作性，但蕴藏着一定的法律和合规性风险。

第三节 互联网票据理财的风险

虽然各类互联网票据理财以"理财"名义出现，但其在法律上与商业银行理财存在着明显差异。商业银行理财在当前监管规章范畴下，界定为建立在委托代理关系基础之上的银行服务。而互联网票据理财虽称为理财，但从法律性质上看，各类平台均非委托代理，也非受托管理，更非信托，它在法律性质上与普通 P2P 网络借贷平台一样，平台在互联网票据理财业务当中仅承担居间人的角色，因此是一种居间法律关系。P2P 是英文 peer to peer lending（或 peer-to-peer）的缩写，意即个人对个人（伙伴对伙伴）。又称点对点网络借款,是一种将小额资金聚集起来借贷给有资金需求人群的一种民间小额借贷模式。

平台作为居间人的法律主体,在开展互联网票据理财业务时,应关注相关风险,并采取适当的风险防范措施。

一、质押票据的造假风险

质押票据造假的风险是互联网票据理财产品中的一个基础性风险,由于投资者无法也无能力直接审查纸质汇票,平台在交易过程中承担了主要的票据真伪审核工作。如果出现假票或者票据瑕疵(如票据要素不全、签章瑕疵、背书不连续等),将直接导致投资风险。

在这种情况下,平台虽然为居间人,但由于其组织的投资标的物(在票据收益权模式下)或融资质押品(在质押融资模式下)出现了造假或重大瑕疵,其民事法律责任也是非常明显的,即便在有关平台协议中将伪造、变造、克隆票据风险转嫁给了投资者,这种转嫁也未必成立,因为平台没有尽到审核责任。

二、票据质押的法律风险

票据质押的法律风险主要表现在以下三个方面:

(一)票据质押背书的法律风险

依据票据行为的"文义性"及"要式性"特征,票面记载"质押"字样及质押人的签章,是影响票据质押效力的重要因素。在一些互联网票据理财产品操作中,出质人交付票据给平台时,出于简化操作或是希望再次以票据进行融资等原因不做背书,则容易触发这一风险。

就票据的质押而言,《中华人民共和国票据法》(以下简称《票据法》)及司法解释规定,票据进行设质背书是构成票据质押的要件。但是设质背书对票据质押效力的影响目前仍存在一定争议,一般在业务设计中将票据背书作为一个必备环节。如果不进行票据背书,带来的不利影响至少是不产生对抗效力,即不得对抗善意第三方。

（二）票据质权共享的有效性风险

互联网票据理财的投资者众多，因此在质押融资模式下，具体到某张质押票据，必然形成多个债权人共享质权的情况，但从《票据法》的规定来看，并无票据共享质权的相关规定，法律依据不明确。同时，从金融实践的角度来看，有关交易所质押式回购等业务中已有债权共享质权的安排，可资参考。但该种安排由于缺乏明确的法律依据，不能完全排除在发生纠纷时被当事方质疑突破"物权法定"原则的可能性。

（三）票据质权代理安排的有效性风险

为了解决多个质权人无法实现实际交付占有的问题，在互联网票据理财中，往往由一家商业银行作为质权代理人与融资方签订质押合同，该银行的代理权在投资者签订的投资平台协议中予以事先授权确定，同时该银行一般还会提供票据保管、托收等服务。该种质权代理机制在《票据法》中并无规定，理论上可能出现争议。在商业实践的银团贷款业务中，代理人代理各银团成员行签订抵质押合同并办理抵质押登记已形成惯例，并得到监管规则认可，可资借鉴。但由于法律依据不明确，该安排在票据质押上还是有可能引发争议。

三、票据收益权转让的风险

票据收益权转让的风险主要表现在以下两个方面：

（一）票据收益权转让有效性的风险

为了规避票据背书转让的障碍（票据不得分割背书转让）及票据转让所需的贸易背景，采取票据收益权转让模式可以解决这一问题。

但是票据收益权能否作为与票据本身相分离的一种独立的权利，其转让效力尚存在争议。由于票据法的文义性、要式性的特点，该种模式得不到《票据法》的支持，只能通过《中华人民共和国民法典》和《中华人民共和国合同法》的原则解决，其有效性有待司法实践检验。

（二）票据权益的获得无真实贸易背景的风险

《票据法》第十条规定"票据的签发、取得和转让，应当遵循诚实信用的原则，具有真实的交易关系和债权债务关系。"中国人民银行发布的《支付结算办法》第二十二条也有类似规定，只是将前法条中"应当"改为"必须"，而这里的"交易关系和债权债务关系"在长期的监管实务中往往被理解为"真实的贸易背景"。

在互联网票据业务中，票据质押融资模式不涉及票据的流转，而在票据收益权转让模式中，有可能被监管机构认为在实质上实现了票据的转让，但这种转让并无真实的贸易背景，容易涉嫌违规。在司法实践中，极端情况下甚至还可能被认定为非法经营罪。

四、挂失止付和公示催告的法律风险

在互联网理财业务中，平台或票据保管服务方如果未关注票据挂失及法院公示催告信息而接受质押或受让票据收益权的，则权利可能失去法律保护，该种挂失和公示催告甚至不排除是融资方与第三方恶意串通发起的。要想维护权利，则需在公示催告期间向法院出示票据主张权利，但登载于报纸上的公示催告信息较难为公众获知。

五、信息披露不充分的风险

互联网票据理财产品普遍存在信息披露不充分的问题，表现在投资者对操作流程、借款人信息和投资标的票据信息了解程度不够等方面。这种现象之所以存在，往往是因为融资方的信息保密和平台合作机构出于保护客户资料的考虑。尽管一般的互联网票据平台会对信息披露不充分的行为做出免责声明，但当出现兑付危机时，平台的免责声明效力往往会遭遇挑战，平台往往要承担较大的兑付风险。

第四节　互联网票据法律风险的防范

互联网票据理财在蓬勃发展的同时，它所带来的风险也不容忽视。虽然很多互联网票据理财平台都声称"其产品唯一的风险为银行倒闭"，然而由于互联网金融的虚拟性、创新性，以及票据业务自身的特性，互联网票据存在着一些自身特有的法律风险，如何防范这些风险，将决定着整个行业的兴衰。

一、明确票据的审验机制和责任

为防范虚假票据或瑕疵票据造成的损失，互联网平台应与相关商业银行进行合作，委托商业银行提供票据保管、审验和托收服务，尽量保障票据的真实性和票据要素的完整性，并在合同中约定商业银行审验、保管中的权利义务及违约责任。在实务中，督促合作商业银行通过大额支付系统、中国票据网、传真等方式查询验票，以确保票据的真实性。在查询过程中如承兑行反馈"有他行查询"的情况，则存在"克隆票"的风险，有必要采取进一步措施（如实地查询等）核实票据真实性。

此外，也可与相关保险公司进行合作，如果出现票据伪造或票据瑕疵导致拒付的情况，由保险公司承担保险赔付责任，从而通过保险安排来覆盖这一风险。

二、完善票据质押手续

在互联网票据理财业务中，应完善票据质押手续，至少由出质人进行"半背书"，即在背书栏盖具印鉴，"质押"字样及被背书人名称可由票据质押代理行必要时补记。

此外，应在有关质押协议中清楚披露代理关系，并在投资者与平台签署的投资协议中有授权条款相衔接。质押合同中明确约定质权代理银行的相关权利义务，包括约定质押人将票据交付给银行，即可视为对各质押权人（各投资者）履行了交付义务，并约定质权代理人处分票据的权限。

三、杜绝利用票据重复融资

利用票据重复融资的行为既存在法律风险,易诱发法律纠纷,又存在监管合规风险,可能被监管机构认定违规,从而遭监管叫停甚至处罚。因此,规范的平台应杜绝利用票据重复融资。

四、引入第三方托管/存管机制

互联网票据理财不仅应将票据交由第三方合作银行保管,同时,也应引入具有托管资质的商业银行进行资金托管/存管,保障资金的安全性,以避免非法集资违法问题和产生平台自融的违规问题。

五、防范恶意挂失和公示催告的风险

应在平台与受托银行之间相关协议中明确约定服务银行应在接受质押票据(或受让票据收益权)之前向承兑银行进行查询,确认票据未被申请挂失或被法院止付并处于公示催告期间,以防范相应法律风险。另外,应优选投资票据,建议参照银行贴现票据准入条件,要求提供贸易合同和相关的增值税发票,具有真实贸易背景的投资票据来源产生纠纷的可能性相对较小,同时尽量挑选背书环节少的票据。

六、完善信息披露制度

平台应将票据理财主要交易模式、相关合作机构、融资方重要信息、投资标的(或质押)票据重要信息予以适当披露,并提示产品中的主要风险,保障投资者的知情权。只有做到充分的信息披露和风险提示,才能真正履行平台作为信息中介的义务,真正促成"投资者自负"。

第六章　网上银行面临的主要风险及安全防护措施

第一节　网上银行

随着现代信息技术的不断发展，互联网在社会经济中的作用日益明显。为了满足信息化时代下客户对银行服务升级的需求，降低金融服务成本，提高服务效率，网上银行应运而生。

网上银行的出现打破了传统银行的经营模式和经营理念，突破了传统银行对金融服务场所的依赖，以其自身的优越性在全世界得到了快速发展，并展示出了深厚的发展潜力。

网上银行亦称网络银行或电子银行，是依托互联网的发展而兴起的一种新型银行服务手段。网上银行借助互联网遍布全球的优势，以及无间断运行、信息传送快捷的时间优势，突破了传统银行的局限性，为用户提供了全方位、全天候、便捷、实时的全新现代化服务。

一、网上银行提供的服务

网上银行不仅仅是传统银行产品简单地从柜台到网上的转移，其服务方式和内涵发生了一定的变化，产生了全新的业务品种。

第一，提供网上形式的传统银行业务。

包括银行及相关金融信息的发布、客户的咨询投诉；向客户提供开户、挂失、销户、查询、转账、信贷、网上证券、投资理财等传统服务项目。

第二，电子商务相关业务。

既包括商户对客户模式下的购物、订票、证券买卖等零售业务,也包括商户对商户模式下的网上采购等批发业务的网上结算。

第三,新的金融创新业务。

如企业银行,企业银行服务一般提供账户余额查询、交易记录查询、总账户与分账户管理、商业信用卡等服务。

第四,其他金融业务。

除了银行服务外,大商业银行的网上银行均通过自身或其他金融服务网站联合的方式,为客户提供多种金融服务产品,如保险、抵押和按揭等,以扩大网上银行的服务范围。

二、网上银行的特点

网上银行是现代科技与金融行业相结合的产物,它依靠自身独特的优势,便利人们的日常生活。网上银行主要有以下几个特点:

(一)网上银行具有更大的开放性

网络技术在现代社会中的发展越来越快,计算机和智能手机对于人类而言已经不可或缺,由于互联网的全球性,客户可以在网上办理各种金融业务。

(二)网上银行可以跨越时空

网上银行使用计算机网络作为依托,因此客户在办理网上金融业务时可以不受时间、地点的限制,随时随地完成业务操作。

(三)网上银行的交易成本低

在信息发达的互联网时代,客户仅仅需要动动鼠标或者动动手机就可以完成以前必须去银行办理的业务,省去了去银行的时间成本和交通成本。

(四)身份认证的便捷性

对于网上银行而言,客户的身份确认会更加简单快捷,因为客户都是通过密码来实现网上交易的,所以只需要输入正确的密码就可以完成身份确认,省去了在银行柜台办理业务时确认身份所花费的时间。

第二节 网上银行面临的主要风险

随着信息化与传统银行业的完美融合,近年来网上银行的发展突飞猛进,呈现出用户规模不断扩大、交易规模迅速增长、网上银行替代率增加的显著特点,不仅成为推动国民经济发展的催化剂,更为人们的生活带来了前所未有的便利。

然而,网上银行的风险亦不可忽视,近年来与网上银行相关的操作风险,以及客户因办理网上银行业务而造成损失的事件也频频发生。具体来说,我国的网上银行主要面临以下几种主要风险:

一、技术安全风险

（一）网上银行客户端安全认证风险

网上银行客户端使用证件号码、用户名和密码登录,一旦用户计算机感染病毒、木马或者被黑客攻击,如果没有进行安全认证,网上银行用户所做的所有操作,都会被发送至控制用户计算机的服务器后端,严重影响网上银行客户端用户的银行账号和密码安全。假冒银行网站的钓鱼网站,可能将用户的所有操作通过键盘记录或者屏幕录制等方式,将用户账号和密码信息传输至窃取人指定的服务器中,危及用户资金安全。

（二）网络传输风险

网上银行业务通过网络在银行和用户之间进行数据传输,在数据传输过程中要求进行加密处理,如果网络传输系统和环境被攻破,或者加密算法被黑客攻击,将使网上银行客户的资金、账号、密码在网络传输中如同明文传输,造成客户信息泄露,严重影响网上银行用户信息安全。

（三）系统漏洞风险

网上银行应用系统和数据库在技术上依然存在一些系统漏洞和隐患，这些漏洞往往会被黑客、计算机病毒所利用，对网上银行系统造成很大的信息安全风险。

（四）数据安全风险

网上银行的数据要求绝对安全和保密。用户基本信息、用户支付信息、业务处理信息、数据交换信息等的丢失、泄露和篡改都会使商业银行产生不可估量的损失。如何确保数据输入和传输的完整性、安全性和可靠性，如何防止对数据的非法篡改，如何实现对数据非法操作的监控与控制是网上银行系统需要解决的问题。

二、管理安全风险

网上银行面临的管理安全风险主要包括以下三点：

（一）系统应急风险

目前大多数银行在系统建设和运行中，没有很好地按照业务运行应急计划进行演练，应对电力中断、地震、洪水等灾害的措施不到位。一旦发生这类灾害，会导致数据的破坏和消失，给银行带来巨大风险。

（二）内部控制风险

网上银行的内部控制制度指对网上银行日常运行处理过程进行流程或制度规范，一旦执行不到位，将会造成网上银行在运行或者业务操作中出现问题。例如，由一名维护人员完成对客户的密码重置或者客户账户信息调整等，此类行为将造成网上银行系统信息安全风险。

（三）外包管理风险

网上银行在快速发展过程中，由于银行相关人才不足，在系统开发、运行维护过程中很多银行通过购买第三方外包服务的方式提供网上银行技术支持。如果网上银行外包服务管理不到位，将给银行带来数据泄露的风险。

三、链接服务风险

链接服务风险主要是指网上银行链接不到足够的其他电子商务网站，银行无法为客户的网上消费提供支付服务，造成客户转移注册，并最终导致银行收益损失的可能。在由客户决定网上银行能否生存的情况下，客户在网上消费到哪里，所注册的网上银行就应跟踪链接到哪里。

为此，网上银行一方面要向社会公众做好宣传与营销工作，提高自己品牌的知名度；另一方面要做好与其他著名商务网站的链接，让他们提示客户在进行消费时优先链接到自己的网址，使用本行提供的交易支付工具。如果网上银行链接不到足够的电子商城或其他知名网站，就会出现客户流失现象，并最终影响到银行的经济收益。

四、法律风险

法律风险是指由于有关网上交易法律法规的不健全而导致网上银行陷入法律纠纷的风险。同传统银行相比，网上银行有两个十分突出的特性：一是它传递信息或契约采用的是电子化方式；二是它模糊了国与国之间的自然疆界，其业务和客户随着互联网的延伸可达世界的每个角落。这就向传统的基于自然疆界和纸制合约基础上的法律法规提出了挑战。法律风险在我国网上银行发展过程中的表现还包括我国自身相关的法律法规不够完善，相关的制度规范和约束机制还不够健全，缺乏相对规范的法制环境。

目前，政府有关法规中对于网上交易的权利与义务规定比较模糊，缺乏网络消费者权益保护规则。银行与商家、客户的关系，以及签名有效性等问题不明确。由于网络银行业务涉及诸多其他法律，如消费者权益保护法、知识产权法、货币发行制度等，银行可能因使用电子货币或使用虚拟金融服务而损害客户隐私以致被提起诉讼，或因在自己的网页上建立与重要客户的链接而陷入官司纠纷；犯罪分子可能利用网络银行从事洗钱活动，从而使银行被动违反反洗钱法律；电脑黑客也可能利用多种手段连接网络银行客户的网页，使客户迁怒于银行；罪犯利用伪造的证书以银行名义销售给客户，受骗者可能将银行作为起诉对象；等等。上述种种，将使银行面临被判罚款、行政处罚、民事赔偿及刑事责任等诸多窘境，影响银行业务的正常开展。

第三节　防范网上银行风险的安全措施

随着网上银行业务的蓬勃开展，网上交易量和交易速度大幅度提升，网上银行的安全性也受到越来越多的重视。网上银行业务能够顺利开展、持续进行的前提就是要有足够的安全保障，当前网络信息安全所面临的问题也是网上银行需要重视和解决的问题。要做好网上银行的安全防范工作，应着重注意以下几点：

一、加强系统安全性

网上银行的关键环节就是网上银行系统的安全性，银行应定期从物理安全、逻辑安全、管理安全、操作系统安全、联网安全、客户端安全等几个方面对网上银行进行入侵检测和网络渗透检测，防范系统被入侵和攻击。

（一）物理安全

加强物理安全需要保护好计算机硬件和储介质，可采取加强计算机机房、出入者身份证明、24 小时值班管理、实施各种硬件安全手段等预防措施。

（二）逻辑安全

加强逻辑安全需要通过用户口令、文件许可等方法来实现，防止黑客的入侵。高度机密的信息应与其他各种数据相隔离，对所有高机密的数据的存取要严格控制。

（三）管理安全

银行可通过软件控制、违反安全的调查、审计跟踪检查及责任控制检查等方式加强管理安全。

（四）操作系统安全

由于计算机系统可提供给许多人使用，因此必须区分用户，进行用户等级和权限管理，以防止他们互相干扰或者破坏。

（五）联网安全

采用防火墙技术可有效防止电脑黑客或者公用网的用户不适当操作造成的可能对金融专用网的攻击。通过设置支付网关，把公用网与银行内部专用网隔离，实施缓冲过滤功能，更好地保证银行专用网的安全。

（六）客户端安全

加强客户端安全需要银行采取有效技术措施保证客户端处理的敏感信息、客户端与服务器交互的重要信息的机密性和完整性；保证所提供的客户端程序的真实性和完整性，以及敏感程序逻辑的机密性；保证客户端程序能够有抗逆向、抗反汇编的防护措施，能够有效地防止键盘钩子等危害网上银行的攻击。

二、完善内部控制体系

网上银行信息系统的内部操作人员对系统及其权限更为了解，所以网上银行系统更容易受到银行内部人员的侵扰。银行应注重加强内控管理，防止来自内部的风险隐患。建立可靠的内部控制体系，除了合理的安全技术以外，还需要建立系统维护制度、信息保密制度、数据备份制度、人员管理制度、风险预警制度、重大事项报告制度等，确保网上银行系统有序正常运行。

三、加强外包服务管理

目前国内的一些网上银行在开发和维护上采取外包模式，考虑到网上银行数据的重要性，加强网上银行系统外包服务管理尤为重要。

第一，要选择长期可靠、综合能力强的网上银行外包服务商。

第二，要做好网上银行外包技术服务商的合同管理，规范和明确网上银行的服务内容。

第三，要确保银行等重要数据的安全性，对外包服务人员严格管理。

第四，要加强网上银行外包服务的过程管理，严格监控外包服务，随时了解外包服务状态。

第五，要加强网上银行外包团队建设，建立良好的沟通机制。

四、制订应急计划

网上银行系统运行需要有其他相关的业务系统支持，如网上银行转账需要调用银行核心系统，网上支付需要调用大小额支付系统等。当出现系统故障或者发生不可抗力时，每一个环节的停顿都可能对整个业务的连续性带来影响。因此，应该制订详细的网上银行业务运行应急计划。

同时，还需要进一步加强网上银行应急演练。银行业机构应定期制定切实可行的各种灾难应急预案演练方案。演练方案既要注重针对性，又要体现实效性。对应急演练的原因、目的、具体时间、主要成员、设备、范围、演练流程、预案风险等进行详细描述，对预期风险要进行严密的分析论证。

应急演练可以帮助应急技术小组人员掌握其应急响应机制、流程、安全风险评估等相关内容，完善安全事件预防、应急预案处理，梳理应急响应流程，提高相关人员对日常安全和紧急事件的应急响应和处理能力。应急技术小组在经过应急演练之后应当确保应急处理人员具备应急工作必需的技术能力，定期组织人员培训以满足应急处置的要求，保证应急处理人员的熟练程度。

五、完善事前、事中和事后防御机制

网上银行的防御手段可以分成事前预防、事中防御、事后审计追踪三个阶段，如下图所示：

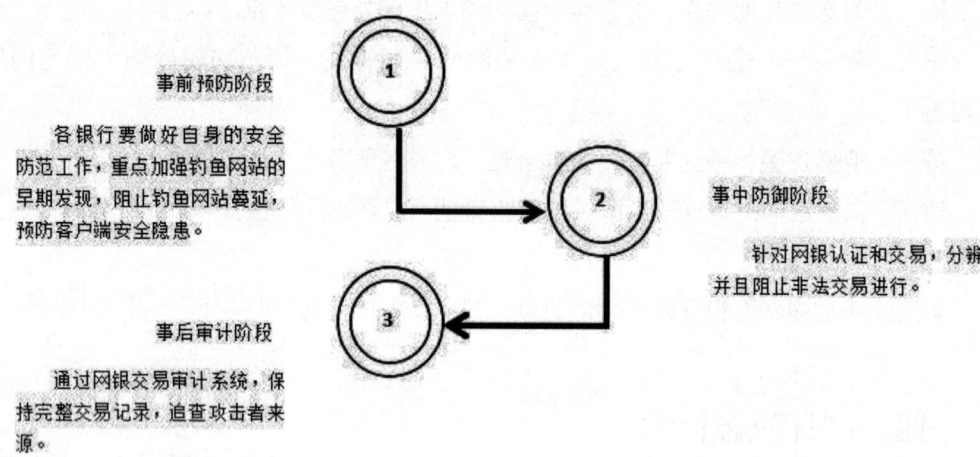

针对事前预防阶段，可以使用网上银行安全助手、密码控件等客户端防范手段，对键盘录入、SSL 安全加密、反钓鱼等进行客户端方面的预防，有效防范木马病毒的攻击，进一步提升用户在客户端的安全体验，增加用户使用网上银行的安全信心。针对事中防御阶段，可以采集分析交易信息，主动防御，发现和终止身份冒用、套现、虚假交易等风险，如使用反欺诈交易平台等。针对事后审计跟踪阶段，可以利用网上银行的内部交易日志进行审计分析。

六、增强客户操作风险防范

随着技术的进步，以及管理层对网上银行的重视，当前面临的最大问题不是技术上的漏洞，而是客户操作上的风险。因此，银行急需加强对客户关于安全使用网上银行的宣传和教育，重点包括对使用网上银行的客户的风险提示和安全教育、安全上网行为的宣传介绍和引导等。

七、对客户进行管理

网上银行的客户管理主要是指银行对其向客户提供的服务进行管理，包括哪些客户可以使用网上银行，客户可以使用哪些网上银行服务等，具体内容如下：

（一）加强对申请签约客户的资格审查

由于客户在网上银行不需要提供任何印鉴，仅凭 USB Key 就可以办理业务，因此网上银行应制定严格的开户审核手续。只有符合条件、信誉良好的客户，银行才与其签订规范的网上银行服务协议。银行应根据与客户签订的协议，严格限定客户在网上银行操作的范围。

（二）加强对网上银行客户的身份验证

客户在通过网上银行办理业务时，无须与银行工作人员进行面对面的交易，因此确认登录网上银行办理业务的客户身份，并对客户的交易信息进行保密，已经成为网上银行安全管理的前提和非常重要的环节。目前，我国的商业银行大多采用数字证书作为网上银行的安全认证，并以此确定客户的身份。银行有义务告知客户妥善保管数字证书，以免被他人盗用，给客户造成不必要的麻烦。

（三）加强对网上银行客户的操作权限管理

客户需求不同，对网上银行服务要求就会不同，银行需要对不同的客户提供个性化、差别化的服务。因此，银行需要根据客户的需求，结合内部管理的需要，对网上银行客户业务操作权限进行管理。

（四）加强对网上银行客户交易过程进行监督

为了满足及时接收和处理网上银行业务，防范网上银行异常交易发生，确保网上银行业务的顺利进行，银行应对客户在网上银行发起的各类交易进行实时、全程的监控和管理。一笔网上银行业务，从客户登录网上银行、发出交易指令算起，通过总行接入，分发到分支行，一直到最后进行账务处理，需要经过互联网、局域网等多个网关。因此，银行需要对每一笔网上银行业务所涉及的多个环节进行监控。

八、用户自身要提高安全防范意识

网上银行的安全事关每一个用户的财产安全，除了银行对用户进行网上银行安全的宣传、推广和教育以外，用户自身也要提高安全防范意识。

第一，安装防火墙和防病毒软件，并经常升级；及时给操作系统打补丁，及时更新相关软件，修补软件漏洞。

第二，不下载不明程序，不打开不明来源的邮件，特别是邮件附件，防止病毒、木马的直接入侵。不要相信任何通过电子邮件、短信、电话等方式索要卡号和密码的行为。

第三，登录正确网址。例如，访问中国工商银行中国网站时请直接在地址栏输入网址（www.icbc.com.cn）登录，尽量不要采用不知名的搜索网站或其他方式提供的超级链接方式间接访问。防止网络钓鱼，对于不了解的网站也不要随意地访问。

第四，不要在公共场所（如网吧）使用网上银行。动态口令卡在公共场所有被人拍照的可能，即使是目前安全度最好的移动数字证书，若使用不当也会给他人可乘之机。

第五，定期登录网上银行查看自己账户的情况，确保资金安全，有意外情况可以及时处理。

第六，在线交易操作需反复确认。在按"确定"之前，一定要反复确认自己的交易金额，并随时注意浏览器地址栏、弹出窗口的各项内容等细节信息，如有怀疑应立即终止交易。

第七，保护账号密码。在任何时候及情况下，不要轻易将自己的账号、密码告诉别人，并与其他密码区分开来，避免因某项密码的丢失而造成其他密码的泄露。

第八，应对异常的动态提高警惕。假如不小心把自己的银行卡卡号和密码输入了陌生的网址上，并出现了类似于"系统维护"等提示语，应立即拨打银行的客服热线进行确认，一旦发现资料被盗，必须马上修改密码并挂失银行卡。

第九，每次使用网上银行个人服务后，请选择"退出登录"选项，以防数字证书等机密资料落入他人之手。

如果网上银行用户能在安全意识上有所加强，使用网上银行的过程中时刻保持清醒的头脑，那么很多网上银行的风险事件其实是可以避免的。

第七章　非法集资与金融传销

第一节　认识非法集资

近年来，我国非法集资与金融传销类案件急剧攀升，仅 2016 年一季度，非法集资犯罪的立案数达 2300 余起，涉案金额超亿元案件明显增多。"e 租宝""日金宝""大大宝"这类打着互联网金融旗号进行非法集资的事件相继爆发，严重动摇了普通投资者对互联网金融行业的信心。

在经济增速下滑和互联网技术高速发展的大背景下，非法集资和金融传销犯罪案件不断发生，犯罪活动网络化特征明显，假借互联网金融、外汇理财、电子商务、虚拟货币等名义进行诈骗的案件日益增多。在这种情况下，普通投资者要增强识别非法集资与金融传销的能力，保护自己的财产不受损失。

非法集资是指单位或者个人未依照法定程序经有关部门批准，以发行股票、债券、彩票、投资基金证券或其他债权凭证的方式向社会公众筹集资金，并承诺在一定期限内以货币、实物，以及其他方式向出资人还本付息或给予回报的犯罪活动。

一、非法集资的表现形式

非法集资涉及内容广泛，表现形式多样，主要有以下 15 种表现形式：

第一，不具有房产销售的真实内容或者不以房产销售为主要目的，以返本销售、后包租、约定回购、销售房产份额等方式非法吸收资金。

第二，以转让林权并代为管护等方式非法吸收资金。

第三，以代种植（养殖）、租种植（养殖）、联合种植（养殖）等方式非法吸收资金。

第四，不具有销售商品、提供服务的真实内容，或者不以销售商品、提供服务为主要目的，以商品回购、寄存代售等方式非法吸收资金。

第五，不具有发行股票、债券的真实内容，以虚假转让股权、发售虚构债券等方式非法吸收资金。

第六，不具有募集资金的真实内容，以假借境外基金、发售虚构基金等方式非法吸收资金。

第七，不具有销售保险的真实内容，以假冒保险公司、伪造保险单据等方式非法吸收资金。

第八，以投资入股的方式非法吸收资金。

第九，以委托理财的方式非法吸收资金。

第十，利用民间"会""社"等组织或假借农民专业合作社之名非法吸收资金。

第十一，以投资黄金等名义，以高利吸引社会公众投资。

第十二，以发展农村连锁超市为名，采用召开"招商会""推介会"等方式，以高息进行"借款"。

第十三，以投资养老公寓、异地联合安养等为名，以高利诱导加盟投资。

第十四，借助网络借贷平台、众筹平台等新型互联网形式进行的非法集资活动。

第十五，其他非法集资活动。

二、非法集资活动的常见手段

（一）承诺高额回报

不法分子为吸引群众上当受骗，往往编造"天上掉馅饼""一夜成富翁"的神话，通过暴利引诱许诺投资者高额回报。为了骗取更多的人参与集资，非法集资者在集资初期，往往按时足额兑现承诺本息，待集资达到一定规模后，便秘密转移资金或携款潜逃，使集资参与者遭受经济损失。

（二）编造虚假项目

不法分子大多通过注册合法公司或企业，打着响应国家产业政策、支持新农村建设、实践"经济学理论"等旗号，经营项目由传统的种植、养殖行业发展到高新技术开发、集资建房、投资入股、售后返租等内容，以订立合同为幌子，编造虚假项目，承诺高额固定收益，骗取社会公众投资。有的不法分子假借委托理财名义，故意混淆投资理财概念，利用电子黄金、投资基金、网络炒汇、电子商务等新名词迷惑公众，承诺稳定高额回报，欺骗社会公众投资。

（三）以虚假宣传造势

不法分子为了骗取社会公众信任，在宣传上往往一掷千金，采取聘请明星代言、在著名报刊上刊登专访文章、雇人广为散发宣传单、进行社会捐赠等方式，加大宣传力度，制造虚假声势，骗取社会公众投资。有的不法分子利用网络虚拟空间在网站、博客、论坛等网络平台，以及 QQ、微信等即时通信工具，传播虚假信息，骗取社会公众投资。一旦被查，便以下线不按规则操作为名，迅速关闭网站，携款潜逃。

（四）利用亲情友情诱骗

不法分子往往利用亲戚、朋友、同乡等关系，用高额回报诱惑社会公众参与投资。有些参与传销人员，在传销组织的精神洗脑或人身强制下，为了完成或增加自己的业绩，不惜利用亲情、地缘关系拉拢亲朋、同学或邻居加入，使参与人员迅速蔓延，集资规模不断扩大。

三、非法集资的社会危害

非法集资活动具有很大的社会危害性。一是参与非法集资的当事人会遭受经济损失，甚至血本无归。用于非法集资的钱可能是参与人一辈子节衣缩食省下来的，也可能是养老钱，而非法集资人对这些资金则是任意挥霍、浪费、转移或者非法占有，参与人很难收回资金。二是非法集资严重干扰了正常的经济、金融秩序，极易引发社会风险。三是非法集资容易引发社会不稳定，严重影响社会和谐。非法集资往往规模大、人员多、资金兑付比例低，处置难度大，容易引发大量社会治安问题，严重影响社会稳定。

四、如何识别和防范非法集资

非法集资的形式多样，隐蔽性和欺骗性越来越强，识别和防范非法集资需要关注以下几点事项：

（一）看清"他是谁"

从网上购买企业债、金融理财产品或者进行网络借贷时，需要查平台资质、平台背后公司的资质与经营范围，确认这些产品、业务是否超出经营范围。例如，通过"全国企业信用信息公示系统"可查工商部门登记信息，通过最高人民法院"中国裁判文书网"可查企业违法信息。

（二）警惕大肆宣传

一定提防在人群聚集场所摆摊设点打广告做宣传的理财产品，对于通过电话、QQ群、微信群推荐的理财产品也要提高警惕。

（三）查清投资方向

作为投资人或借款人，有权利知道投资项目、借款对象的实际情况。对于网络金融平台上不披露投资项目、用款人信息模糊、借款方向不详细的情况，一定要警惕。

（四）关注资金流向

无论用什么幌子，网络金融骗局最终是要把钱骗到手，因此防骗关键还是看投资资金流向，如果让把钱汇往个人账户，一定是有问题的。建议投资转账之前先查验对方账户的情况，如通过自动取款机先转 10 元，操作中就能看出对方账户到底是否为个人账户。

（五）别被高收益迷惑

一般而言，在遇到网络借贷周期较长（半年至一年），且利率超 20% 的理财产品时必须小心。利率为 10%～20% 的理财产品也不要太轻信，必须清晰评估借款人信誉、借款人的投资方向。

（六）不轻信"推荐奖"等

如果某产品鼓励发展别人参加投资，或者发展别人参加后还能收获提成，甚至是层层提成的，必须远离。投资产品（项目）回报方式中，含有"动态收益""静态收益""推荐奖""孵化奖""培育奖""小区奖"的，一定不要轻信，这些投资产品（项目）基本是有问题的。

（七）测一测从业人员

观察网络理财平台的客服和从业人员的言行，如果他们自己都说不清楚投资项目、行业情况，不具备专业知识，就一味鼓动投资，那么这种情况下，他们是无法保障投资资金的安全的。

第二节　互联网金融背景下非法集资活动的新特征

利用互联网手段实施集资诈骗是一种新型的犯罪手法，具有很强的隐蔽性。利用互联网实施非法集资的犯罪案件涉及地域广、人员多、危害大。具体来说，互联网金融背景下的非法集资活动有以下几大特征：

一、涉众人数更多，地域范围更广

互联网的虚拟性突破了物理的地域界限，这在非法集资领域也被充分地表现了出来。传统非法集资案中县域案件较多，嫌疑人相对集中，本地人可达所有嫌疑人人数的61%。而互联网金融完全突破了这一规律，例如在"乐贷网"事件中，涉及30多个省市的1000多人。

二、犯罪发生的速度更快，影响也更大

据统计，自 2013 年 10 月以来，平均 0.7 天就倒闭一家 P2P 网络借贷平台，倒闭的速度反映了在非法集资防范中需要快速反应机制。因为非法集资是一种过程性犯罪，在一开始并不表现为犯罪的形式，甚至是合法的形式，且隐蔽性强，较难发现，因而时间长是一个特征。由于网络信息传播速度快和传播范围的不可控性，这也导致了一旦发生不稳定事件容易引发投资者对整个行业的担忧，因此犯罪事件的波及范围、影响深度在互联网领域被极度放大。

三、犯罪嫌疑人与被害人之间，不再以普通熟人为主

在传统的非法集资案中，具有固定职业的犯罪嫌疑人占到 90%，因为其具有固定职业且信誉较流动人员高，更容易进行诈骗。尤其是对于非法传销罪而言，犯罪嫌疑人更是利用熟人之间的关系进行诈骗。在某些传统非法集资案中，甚至存在被害人为犯罪嫌疑人向公诉机关求情的情况。网络世界虚拟性的特征，改变了传统非法集资犯罪中犯罪嫌疑人以具有固定职业为主、被害人以普通熟人为主的特征，被害人与犯罪嫌疑人之间呈现出以陌生人为主的新特征。

四、共同犯罪减少

传统非法集资案件因多发生在普通熟人之间，这也造成了共同犯罪案件较多。但互联网领域的非法集资行为则不具备此特征，犯罪分子一人就可以注册多家 P2P 网络借贷公司，自己一人就可以完全操控整个非法集资活动。

五、多发生在 P2P 领域

互联网金融领域发生的非法集资行为主要集中在 P2P 网络借贷这一行业（这里的

P2P 网络借贷业务仅指狭义上的 P2P 业务）。截至 2016 年 4 月，已经有数百家 P2P 网络借贷平台或倒闭，或"跑路"，或客户资金提取出现问题，或已经被起诉到法院，或已经在公安局以非法集资被立案侦查。对众筹融资而言，尚没有暴露出大案、要案，但众筹融资是非法集资嫌疑非常明显的一类行业，因此也会成为将来进行防范的重点。

第三节 非法集资的法律处罚

非法集资罪分为集资诈骗罪，非法吸收公众存款罪，欺诈发行股票、债券罪，擅自发行股票、公司、企业债券罪这四大种类，不同种类的非法集资罪性质各有不同，量刑标准也不同。

一、集资诈骗罪

集资诈骗罪是指以非法占有为目的，使用诈骗方法非法集资并达到法律规定的数额和情节的行为。与非法吸收公众存款罪的单一犯罪客体（指侵犯金融管理秩序）不同，集资诈骗罪的犯罪客体属于复杂客体，它既侵犯了金融管理秩序，又侵犯了公私财产的所有权。

集资诈骗罪中的"诈骗方法"是指行为人采取虚构集资用途，以虚假的证明文件和高回报率为诱饵，骗取集资款的手段。行为人具有下列情形之一的，应当认定其行为属于"以非法占有为目的，使用诈骗方法非法集资"：

第一，携带集资款逃跑的。

第二，挥霍集资款，致使集资款无法返还的。

第三，使用集资款进行违法犯罪活动，致使集资款无法返还的。

第四，具有其他欺诈行为，拒不返还集资款，或者致使集资款无法返还的。

最高人民法院印发《全国法院审理金融犯罪案件工作座谈会纪要》，将集资诈骗罪中的"非法占有目的"归纳为以下几种情形：

第一，明知没有归还能力而大量骗取资金的。

第二，非法获取资金后逃跑的。

第三，肆意挥霍骗取资金的。

第四，使用骗取的资金进行违法犯罪活动的。

第五，抽逃、转移资金、隐匿财产，以逃避返还资金的。

第六，隐匿、销毁账目，或者搞假破产、假倒闭，以逃避返还资金的。

第七，其他非法占有资金，拒不返还的行为。

根据《关于经济犯罪案件追诉标准的规定》，个人集资诈骗，数额在10万元以上的，或者单位集资诈骗，数额在50万元以上的，应当依法予以刑事追诉。

二、非法吸收公众存款罪

非法吸收公众存款罪是指违反国家法律法规的规定，非法吸收或者变相吸收公众存款，扰乱金融秩序的行为。按照国务院《非法金融机构和非法金融业务活动取缔办法》第四条规定：非法吸收公众存款，是指未经中国人民银行批准，向社会不特定对象吸收资金，出具凭证，承诺在一定期限内还本付息的活动；变相吸收公众存款，是指未经中国人民银行批准，不以吸收公众存款的名义，向社会不特定对象吸收资金，但承诺履行的义务与吸收公众存款性质相同的活动。

根据《关于经济犯罪案件追诉标准的规定》第二十四条规定，非法吸收公众存款或者变相吸收公众存款，扰乱金融秩序，涉嫌下列情形之一的，应予追诉：

第一，个人非法吸收或者变相吸收公众存款，数额在20万元以上的，单位非法吸收或者变相吸收公众存款，数额在100万元以上的。

第二，个人非法吸收或者变相吸收公众存款30户以上的，单位非法吸收或者变相吸收公众存款150户以上的。

第三，个人非法吸收或者变相吸收公众存款，给存款人造成直接经济损失数额在10万元以上的，单位非法吸收或者变相吸收公众存款，给存款人造成直接经济损失数额在50万元以上的。

三、欺诈发行股票、债券罪

依据《中华人民共和国刑法》，欺诈发行股票、债券罪是指在招股说明书、认股书、公司、企业债券募集办法中隐瞒重要事实或者编造重大虚假内容，发行股票或者公司、企业债券，数额巨大、后果严重或者有其他严重情节的行为。

依据《关于经济犯罪案件追诉标准的规定》，欺诈发行股票、债券行为有下列情形之一的，应当受到刑事追究：

第一，发行数额在1000万元以上的。

第二，伪造政府公文、有效证明文件或者相关凭证、单据的。

第三，股民、债权人要求清退，无正当理由不予清退的。

第四，利用非法募集的资金进行违法活动的。

第五，转移或者隐瞒所募集资金的。

第六，造成恶劣影响的。

四、擅自发行股票、公司、企业债券罪

依据《中华人民共和国刑法》，擅自发行股票、公司、企业债券罪是指未经国家有关主管部门批准，擅自发行股票或者公司、企业债券，数额巨大、后果严重或者有其他严重情节的行为。

依据《关于经济犯罪案件追诉标准的规定》，擅自发行股票或者公司、企业债券，具有下列情形之一的，应当受到刑事追究：

第一，发行数额在50万元以上的。

第二，不能及时清偿或者清退的。

第三，造成恶劣影响的。

第四节　互联网金融传销风险防范

近几年，随着互联网金融的兴起，一些金融传销骗局披上了互联网的外衣，利用"金融创新""互助理财"等新概念，用高额回报引诱人们投资，且有愈演愈烈之势。这些平台动辄开出年化几倍甚至几十倍的收益，但资金根本就没有投入到实体项目中，只是靠不断发展下线，用源源不断后来者的钱为骗局"埋单"。一旦资金接续不上，整个链条就完全断裂，让很多投资者血本无归。因此，认识互联网金融传销，熟悉其特征，才能规避被洗脑诈骗的风险。

一、认识互联网金融传销

金融传销是一种新型的传销模式，在一定程度上不同于传统意义上的传销，但是要深入了解金融传销的本质，需要从传统传销的意义入手。

在 2005 年 8 月 10 日国务院第 101 次常务会议通过的《禁止传销条例》中，传销初步被定义为组织者或者经营者发展人员，通过对被发展人员以其直接或者间接发展的人员数量或者销售业绩为依据计算和给付报酬，或者要求被发展人员以交纳一定费用为条件取得加入资格等方式牟取非法利益，扰乱经济秩序，影响社会稳定的行为。

此后，《中华人民共和国刑法修正案（七）》对组织、领导传销活动罪作出了精准的定义：以推销商品、提供服务等经营活动为名，要求参加者以缴纳费用或者购买商品、服务等方式获得加入资格，并按照一定顺序组成层级，直接或者间接以发展人员的数量作为计酬或者返利依据，引诱、胁迫参加者继续发展他人参加，骗取财物，扰乱经济社会秩序的传销活动行为。

随着社会的发展，传销的形式也在不断地变化，出现了所谓的产品直销、广告加盟等。最近几年，出现了一种被称为"金融传销"的新型传销模式。金融传销，顾名思义，其借助的是金融的外表，吸引人员加入。这种传销模式的特点是组织者以高收入、高起点、高投入为诱饵，以"纯资本运作""虚拟经济"等金融概念为幌子，打着政府政策支持的旗号，欺骗大众，具有严重的欺骗性和危害性。

互联网金融传销相比传统传销，危害更大。因为传统传销有地域的限制，虽然能拉人从外地入伙，但毕竟影响力和辐射范围都还比较小，单个传统传销项目的受害者相对来说也较少。而互联网金融传销拉人入伙的方式，除了传统的线下拉人以外，还极力通过互联网渠道全面传播扩散，波及范围更广，受害者也更多。

二、金融传销的特点

金融传销组织往往打着"金融互助"的幌子，例如 MMM 金融互助社区、WEBANK 互助平台、CNC 九星国际互助联盟等平台，大多数号称从国外发起，以惊人的高收益为名义，吸引投资者入场。这类所谓的"金融互助"平台的吸金模式如出一辙，有以下四方面特点：

（一）高收益

"金融互助"平台声称要在互联网金融领域掀起一场革命，吸引投资者入场的关键就在于高收益。大多数平台号称月收益达 30%，更有平台承诺月收益高达 130%，甚至更高，这种匪夷所思、违背社会价值规律的高收益实则不靠谱。

（二）有领导，有导师

正规的互联网金融平台上应该有公司咨询电话和注册成本等基本信息，但这类"金融互助"平台上所有的联系方式均指向 QQ 和微信，建议投资者加微信入群，声称有导师带领一起理财赚钱。

（三）发展下线有奖励

一旦注册并投资成为平台会员，领导和导师就会提出让投资者推荐其他人入场，一旦推荐成功，投资者即可成为新的领导人，并从新投资者的钱中拿出一部分作为提成奖励。

（四）层层分级

平台领导人等级制度明显，推荐新人即可获得晋升和奖励，例如有的平台规定直推

20人可升为经理。这种层层分级的制度与传销组织如出一辙。

三、如何规避互联网金融传销的风险

规避互联网金融传销的风险要从以下几点出发：

（1）对传销活动有清楚的认知

要认清传销活动的本质和危害，自觉抵制各种诱惑，远离传销陷阱。坚信"天上不会掉馅饼""没有免费的午餐"，对"高额回报""快速致富"的投资项目进行客观、冷静的分析，识别其虚假、欺骗、诱惑的实质，避免上当受骗。

（2）具备必要的分辨能力

判断是不是传销的常识主要有以下几个方面：

第一，主体资格是否合法，是否有正常的生产经营活动。

第二，是否要求发展下线，并直接或间接以发展人员数量作为计酬或者返利依据。

第三，是否要求形成层级关系。

第四，是否要求或变相要求交纳"入门费""门槛费"，以获得加入资格。

第五，所宣称的原始股、基金等投资是否经过批准，是否在规定的场所交易。

（3）要增强理性投资意识

高收益常常伴随着高风险，不规范的经济活动往往蕴藏着巨大的隐患。因此，一定要增强理性投资意识，选择合法投资渠道，依法保护自身权益。例如，存款应到银行、信用合作社等金融机构，购买股票、基金、债券应到经批准的证券公司、基金管理公司或者银行。对于打着"资本运作""原始股投资""互联网金融创新"等名义，要求缴纳费用、发展人员的营利性活动，要特别提高警惕。

第八章 大数据风控

第一节 大数据风控与传统风控的区别

随着互联网的发展，互联网金融已成为当前最热门的话题，包括支付、理财、众筹、消费等功能在内的各类互联网金融产品和平台如雨后春笋般涌现。互联网金融是传统金融行业与互联网相结合的新兴领域，是对传统金融行业的有效补充，因此互联网金融的健康发展应遵循金融业的基本规律和内在要求，其核心仍是风险控制。

大数据风控即大数据信贷风险控制，是指通过运用大数据构建模型的方法对借款人进行风险控制和风险提示。

一、大数据风控与传统风控的区别

在传统的风控手段中，采集信用数据的方式主要是由用户自己提供，然后银行（或审批机构）再通过人工的方式去核实这些信息的真实性，最终再利用自己内部已建好的风险模型进行数据分析，从而审核该申请人（或公司）的信用评级，再决定是否授信，以及授信金额的大小。

大数据风控与传统风控的最大不同之处是对数据的采集方式，以及基础数据的类型。目前国内对用户数据采集的渠道主要有中国人民银行征信中心（通过外部商业征信机构接入），银联的银行卡消费数据（银联智慧），学历认证，阿里的芝麻信用等其他第三方征信中心的数据。当然，很多消费金融贷款公司还会收集用户在京东、淘宝等网络购物平台的消费记录。互联网金融公司通过与以上拥有数据源的机构做数据对接，再根据自己的风控模型，形成一套自己的风险评级体系。

迄今为止，大数据风控在互联网金融领域的经典案例非阿里小贷莫属，依托于阿里巴巴庞大的数据库，阿里小贷通过云计算对用户数据进行分析处理，最终产生用户的信用数据。阿里数据库的数据种类之多、容量之大，使得阿里小贷能够通过现有数据对用户违约概率进行较为精准的预测，迅速确定用户授信，真正实现信贷扁平化。

传统风控存在信息不对称、数据获取维度窄、人工采集成本高、效率低等缺点，而大数据风控则在一定程度上解决了这些问题。二者之间的区别可以通过下面两张不同的图表来进一步了解。

传统风控流程如下图所示：

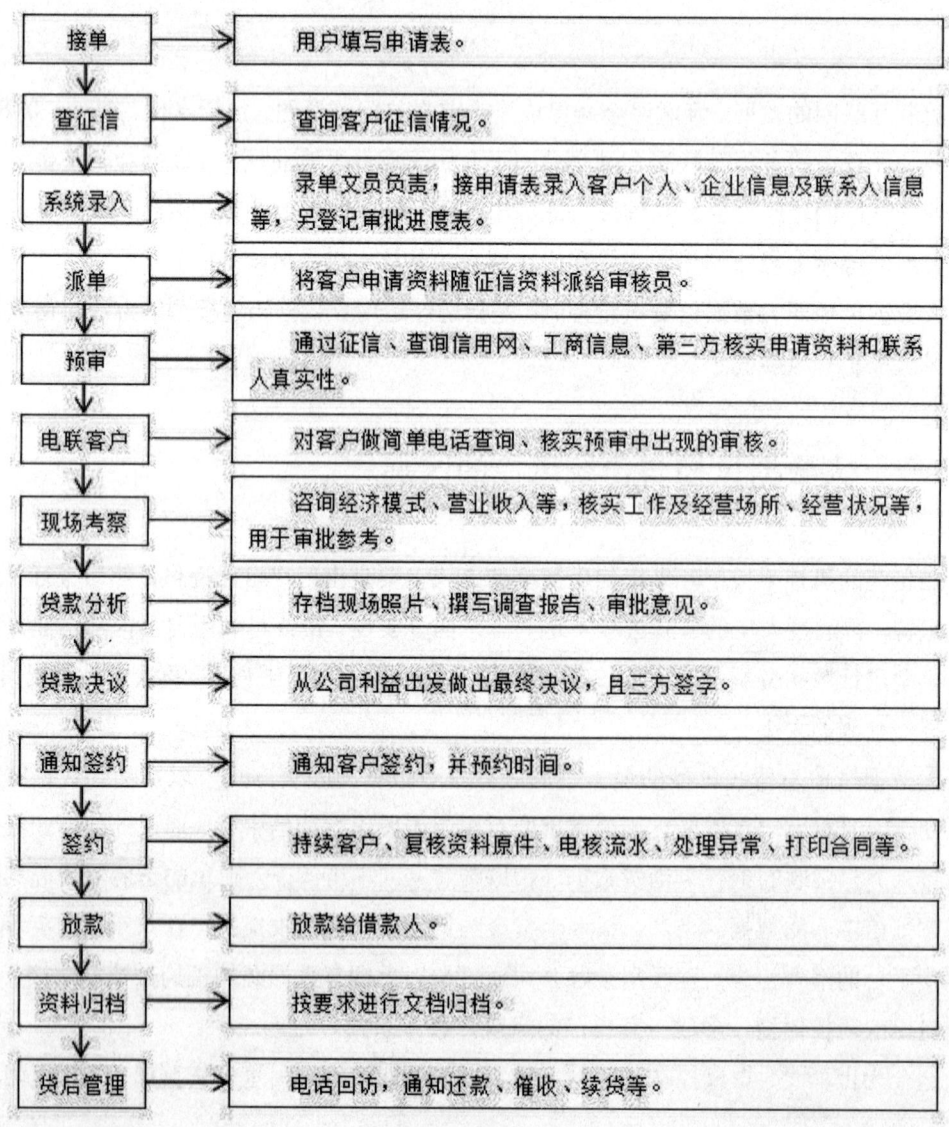

大数据风控流程如下图所示：

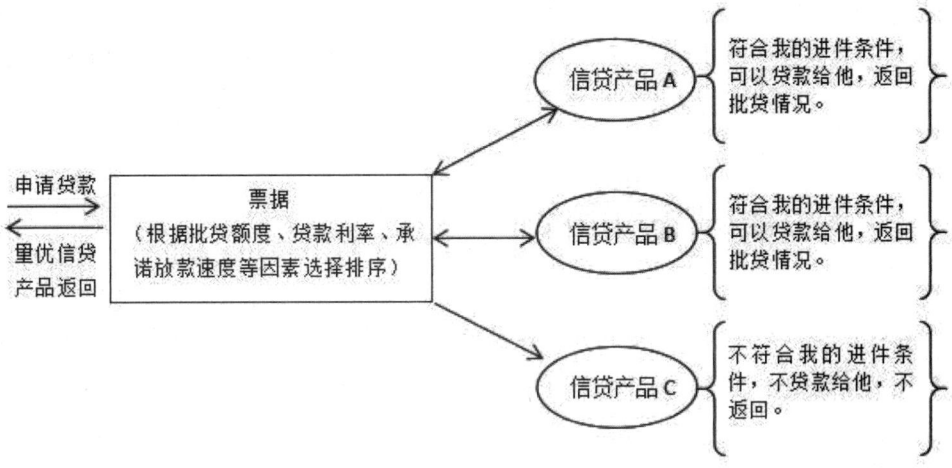

第二节 互联网金融公司开展大数据风控的前提

大数据变现最好的状态是有数据源，能够进行数据挖掘，同时有用户的相关需求。大数据应用于互联网金融是一个非常火热的趋势，在这一发展过程中，有几个问题需要厘清。

一、是否有数据源

利用大数据开展风控的基础是要有数据源，从互联网金融平台的角度讲，**数据源一直是硬伤**。互联网金融是在传统金融服务的空白区内发展起来的，面对的是信用空白人群，同时，P2P 平台并没有接入中国人民银行的征信系统。

从企业的角度看，数据孤岛问题一直被行业疾呼。从物理上看，平台各自储存、维护数据，并不共享。从逻辑上看，平台不同，对数据的理解、定义等可能会存在差异，共享数据可能会导致成本增加。从开展金融业务的核心数据上看，真正具有数据源、数据处理能力的大数据平台还只是少数。虽然有越来越多的平台宣称能将大数据应用于互联网金融，但真正做到有效地多维度挖掘、分析数据，关联运用于风控，绝非一日之功。

总之，数据源，尤其是一手、精确、可信、持续的数据源的获取及挖掘分析绝非易事。

二、是否有专业技术团队

从整体上看，大数据行业缺乏人才，互联网公司、传统科技公司等行业内的大数据人才往往被高薪挖走。大数据业务的开展需要耗费人力物力，基础设施的搭建本来就是投入多、产出周期长的链条。对于小平台来说，基本上没有能力去搭建。目前很多平台的大数据分析业务都会外包给第三方，毕竟那些成立不久的平台难以负担技术、人才等成本。

从这一角度分析，诸多互联网金融平台声称自己有大数据风控团队，对此是要打个问号的。另外，从大数据服务平台角度讲，行业内目前尚缺乏龙头企业。无论是从互联网金融平台本身，还是外部服务平台，大数据行业都需要继续发展。

三、关键需求是否真正萌发

对于大数据风控这一需求问题，其实很多平台并没有真正意识到它的重要性。有观点表示，很多互联网金融平台并不懂风控，如 P2P 领域，只是一味地做大规模。

目前大数据服务的用户分为三类，分别是提得出明确需求、具有数据的用户，有需求、没有数据的用户，并不明确具体需求的用户。

第一类用户在市场上非常少，后两类用户则占据市场的绝大部分。从互联网金融平台用户的特征看，互联网金融平台的需求具有多样化的特点，不过，很多平台的侧重点在营销获客上，多数情况是利用大数据进行精准营销。

对于大数据风控概念的讨论很火热，但不能神化这一概念，若遇到互联网金融动辄以此为由，大肆宣传的情况，投资者自身也需要具备一定的判断力。大数据服务有利于提升金融业务开展中的效率，其作用并非是颠覆性的，而是对传统业务的改进与完善。

第三节　大数据在风险控制中的应用

目前来看，大数据在互联网金融风险控制当中的应用还不是特别普及。一是由于国内的金融体系还不完善，二是数据存在获取困难和不精准的问题。尽管大数据在互联网金融风险控制的应用当中存在很多难题，但也有不少业内人士对此做了大量尝试。

在不依赖中国人民银行征信系统的情况下，国内金融市场自发形成了各具特色的风险控制生态系统。大公司通过大数据挖掘，自建信用评级系统；小公司通过信息分享，借助第三方获得信用评级咨询服务。

一、大数据风控的代表性企业

互联网金融企业的风控大致分为两种模式：一种是类似于阿里的风控模式，他们通过自身系统大量的电商交易，以及支付信息数据建立了封闭系统的信用评级和风控模型；另外一种则是众多中小互联网金融公司通过贡献数据给一个中间征信机构，再分享征信信息。具有代表性的与风控相关的大数据企业或产品详见下表：

风控相关大数据	代表企业或产品
电商类网站大数据	阿里、京东、苏宁
信用卡类网站大数据	我爱卡、银率网
社交类网站大数据	新浪微博、腾讯微信
小贷类网站大数据	人人贷、信用宝
支付类网站大数据	易宝支付、财付通
生活服务类网站大数据	平安一账通

阿里金融在大数据风控方面谋划已久，当很多行业人士还在云里雾里时，阿里已经建立了相对完善的大数据挖掘系统。阿里通过旗下电商平台阿里巴巴、淘宝、天猫、支

付宝等积累的大量交易支付数据作为最基本的数据原料，再加上卖家自己提供的销售数据、银行流水、水电缴纳，甚至结婚证等情况作为辅助数据原料。所有信息汇总后，将数值输入网络，建立评分模型，进行信用评级。

2013年阿里巴巴以5.86亿美元购入新浪微博18%的股份，这是阿里获得社交大数据的关键一步，加上用户在淘宝上保留的水电煤缴费信息、信用卡还款信息、支付和交易信息，阿里金融已然成为大数据全能选手。

二、阿里巴巴的大数据风控流程

金融服务在由粗放式管理向精细化管理转型的过程当中，大数据毫无疑问将会发挥重大的作用，但目前大部分的互联网金融企业体量尚小，用户规模和交易额都不大，因此在数据积累基础上要结合实际情况进行改进，及时修正和优化风控模型。

阿里巴巴作为大数据风控的代表性企业，在多年的探索当中形成了自己独特的风控流程，其特点如下：

特点一：通过阿里巴巴B2B（Business-to-Business，商业对商业）、淘宝、天猫、支付宝等电子商务平台，收集客户积累的信用数据，利用在线视频全方位定性调查客户资信，再加上交易平台上的客户信息（客户评价度数据、货运数据、口碑评价等），并进行量化处理；同时引入海关、税务、电力等外部数据加以匹配，建立数据库模型。

特点二：通过交叉检验技术，辅以第三方验证确认客户信息的真实性，将客户在电子商务网络平台上的行为数据映射为企业和个人的信用评价，通过沙盘推演技术对地区客户进行评级分层，研发评分卡体系、微贷通用规则、决策引擎、风险定量化分析等技术。

特点三：在风险监管方面，阿里巴巴开发了网络人际爬虫系统，突破地理距离的限制，捕捉和整合相关人际关系信息，并通过逐条规则的设立及其关联性分析，得到风险评估结论，结合结论与贷前评级系统进行交叉验证，构成风险控制的双保险。阿里小贷还凭借互联网技术监控客户贷款的流向，如果该客户是贷款用于扩展经营，阿里小贷将会对其广告投放、店铺装修和销售进行评估和监控。

第四节 大数据如何防控恶意欺诈

P2P 行业除了传统的信用风险之外，面临的恶意欺诈风险已成为一大主要风险。有的 P2P 公司统计过，带给 P2P 公司最大外部风险的不是借款人的坏账，而是犯罪集团的恶意欺诈。网络犯罪正在成为 P2P 公司面临的主要威胁之一，恶意欺诈产生的损失甚至占到了一些 P2P 公司整体坏账的 60%。很多 P2P 公司已经将主要精力放在如何预防恶意欺诈上。

因此，防控恶意欺诈成了所有互联网金融公司的主要风险管理任务，P2P 公司可以通过以下几种方法来防控犯罪分子的恶意欺诈：

一、建立黑名单机制

第一种是建立黑名单机制，从而拒绝一些恶意欺诈人员获得贷款。但是黑名单共享机制时效性越来越差，并且恶意欺诈的人频繁使用他人信息进行欺诈，黑名单机制在一定程度上很难帮到金融企业预防欺诈。很多平台不太愿意共享自己的黑名单，因为黑名单在一定程度反映贷款平台风控管理水平，过多的黑名单会影响平台的声誉，甚至影响平台融资。另外黑名单覆盖率较低也是一个挑战，目前领先的反欺诈企业，其黑名单覆盖率也不超 30%。

二、建立数据共享机制

第二种是利用共享贷款数据机制，第三方企业或者大的 P2P 平台会建立防欺诈联盟，共享贷款平台的贷款记录。贷款平台可以依据申请人在其他平台的贷款记录来决定是否提供贷款，降低欺诈风险。这种方式效果比较好，但是对于最先受理恶意欺诈的贷款平台是无效的，原因是没有其他平台的贷款记录，无法识别出贷款者是否属于恶意欺诈。

三、利用自身风控模型机制

第三种是借助平台自己的风控模型,识别出恶意欺诈申请者。这种方式目前正在成为主流,互联网金融公司风控部门现在越来越多地采用信息验证、特征匹配、行为分析等方式来识别出借款用户是否属于恶意欺诈用户。

当今的互联网金融公司在制作风控模型时,通常会加入以下参数,如下图所示:

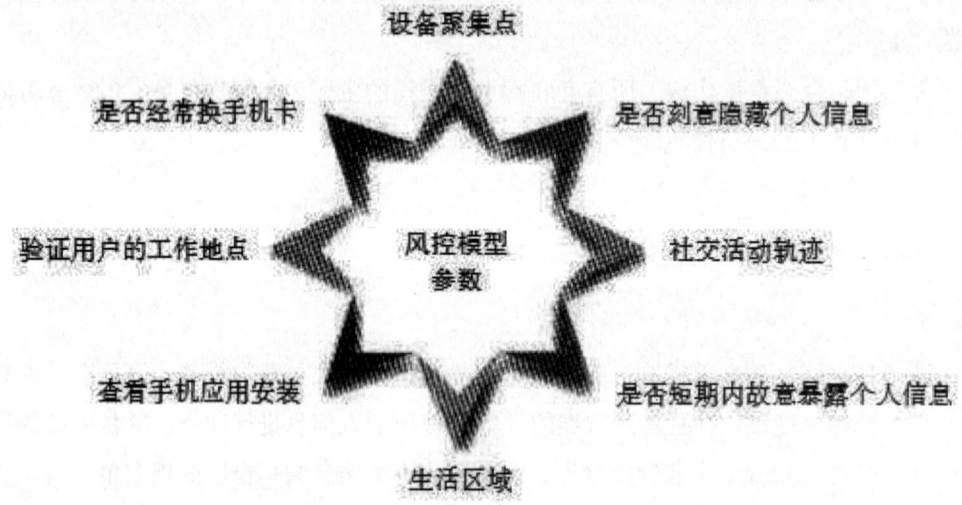

移动大数据可以从以下几个方面帮助互联网金融公司防范恶意欺诈:

第一,可以通过手机的位置信息来验证申请人的居住地和工作地。

第二,依据应用程序安装列表来验证用户是否活跃在多家借款平台。

第三,依据数据识别用户是否在几天内不停更换手机卡。

第四,依据手机应用程序装载和使用情况来辨识用户是否安装了恶意软件,例如密码破解器、伪装号码软件等。

第五,客户是否仅仅使用贷款软件,没有安装常用软件。

四、通过定位防范恶意欺诈

从技术上讲，定位移动设备的位置有三种方式：第一种是通过运营商的基站定位；第二种是通过手机应用程序中的 GPS（Global Positioning System，全球定位系统）位置信息定位；第三种是通过 Wi-Fi（移动热点）定位。在移动设备位置信息商业应用中，三种定位方式都被应用，室内以 Wi-Fi 定位为主，室外以 GPS 定位为主。移动大数据可以通过以下技术手段防范欺诈风险：

（一）辨别用户居住地

互联网欺诈行为由于具有较高的隐蔽性，因此很难识别和侦测。P2P 借款用户很大一部分来源于线上，因此恶意欺诈事件发生的风险远远大于线下借款用户。我国目前很多数据处于封闭状态，P2P 公司在客户真实信息验证方面面临较大的挑战。

移动大数据可以验证 P2P 客户的居住地点，例如某个客户在利用手机申请贷款时，填写自己居住地是北京，但是 P2P 企业依据其提供的手机设备信息，发现其过去三个月从来没有居住在北京，这个人提交的信息可能是假信息，发生恶意欺诈的风险较高。

移动设备的位置信息可以辨识出设备持有人的居住地点，帮助 P2P 公司验证借款申请人的居住地。

（二）验证用户工作地点

借款用户的工作单位是用户还款能力的强相关信息，具有高薪工作的用户，其贷款信用违约率较低。这些客户成为很多贷款平台积极争取的客户，也是恶意欺诈团伙主要假冒的客户类型。

某个用户在申请贷款时，如果声称自己是工作在北京金融街的高薪人士，其贷款审批会很快通过，并且额度也会较高。但是 P2P 公司利用移动大数据，发现这个用户在过去的三个月里面，从来没有出现在金融街，而是大多数时间在城乡接合部活动，那么这个用户恶意欺诈的可能性就较大。

移动大数据可以帮助 P2P 公司在一定程度上验证借款用户真实工作地点，降低犯罪分子利用高薪工作进行恶意欺诈的风险。

（三）识别欺诈聚集地

恶意欺诈往往具有团伙作案和集中作案的特点。犯罪团伙成员常常会集中在一个临时地点，雇佣一些人，短时间内疯狂作案。

大部分情况下，多个借款用户在同一个小区居住的概率较低，同时贷款的概率更低。如果 P2P 平台发现短短几天内，同一个地点附近出现了大量贷款申请，并且用户信息很相似，那么这些贷款申请的恶意欺诈可能性就较大。P2P 公司可以将这些异常行为定义为高风险事件，再利用其他信息进一步识别和验证，以降低恶意欺诈的风险。

第九章　P2P 公司面临的风险及风险控制与防范

第一节　P2P 的业务类型及风险点

凡是经营"金融"的公司，其最大特点就是运营的风险要比一般的工商企业大很多。对于 P2P 公司来说，风险把控始终是最关键的。P2P 公司能够经营下去的前提除了引进风险投资人的资金，更重要的是加强自身风险控制，减少坏账的冲击，如果风险控制做得不好，就很容易被坏账冲垮，最后不得不跑路。

P2P 公司在控制风险的过程中，只有建立科学的风控体系，实行有效的风控分析策略，严格执行风控制度，才能稳健经营，取得长远发展。

P2P 的业务类型是指 P2P 网贷平台开展业务的种类，它从根本上决定着平台的收益水平和平台的风险点。对平台而言，是否能够构建从借款人及项目审核到抵押物的价值评估（真假鉴定、估价）、安全保管（质押、抵押登记、寄售、封存等）、坏账资产处置这一风控闭环体系，决定了平台的运营成败。

一、P2P 的业务类型

P2P 网贷平台是互联网贷款的网站，经过数年发展，目前有以下几种主要业务类型：

第一，房屋抵押借款（含一抵、二抵、小产权房）。

第二，汽车抵押借款（含押车押证、押车不押证、押证不押车）。

第三，信用借款。

第四，净值标。

第五，供应链融资。

第六，票据质押。

第七，股权质押。

第八，融资租赁收益权转让。

第九，信托受益权转让。

二、P2P 不同业务类型的原理及风险控制点

P2P 不同业务类型的原理及风险控制点，如下表所示：

业务类型		业务原理	业务风险点
房屋抵押借款	一抵	受房产价值的影响，一般借款的单笔金额比较大，风控程序也较为严格，往往比较看中借款人的人品、经营状况和还款能力这三个方面。	①流通范围及价值受限 ②处理时不能优先受偿
	二抵	基于已经抵押后的剩余价值的抵押，强化了担保方式，房产增值及按揭还款部分可变为现金流。	①房产剩余价值的评估 ②各地二次抵押登记的政策风险 ③处置资产时第二顺位受偿
	小产权房	虽无房产证，但实际上有一定的价值，可体现借款人的一定实力。	①流通范围及价值受限 ②处理时不能优先受偿
汽车抵押借款	押车押证	收押车辆证件。	车证不一
	押证不押车	已结清车辆办理抵押登记手续。	①一车多抵 ②车辆价值评估，特别是豪车
	押车不押证	不考虑车辆的产权抵押问题，收押车辆。	①车辆产权不清晰 ②按揭车或已抵押车风险 ③车辆是否大修情况不明 ④借款人资质差
信用借款		无需抵押或第三方担保、凭借款人过往信用记录及资产收入状况即可。	①借款人违约成本低 ②单笔金额较小，需在短期内做大规模，小本偏差

续表

业务类型	业务原理	业务风险点
净值标（流转标）	基于在平台代收资金作为质押借款。	①杠杆效应，放大资金风险 ②现实中逾期率较高
供应链融资（订单融资、动产融资、仓单融资、保理、应收账款融资等）	将核心企业及其相关的上下游配套企业作为一个整体，根据交易关系和行业特点制定基于货权及现金流控制的整体金融解决方案。	①交易合同的真实性 ②核心企业的风险传递
票据质押	传统的票据质押分为两种：银行承兑汇票和商业承兑汇票，互联网金融平台中的票据业务模式，主要是围绕这两种类票据贴现业务上的开展，通过将票据质押给互联网金融平台，由平台上的小额投资者支付资金贴现给持票企业。	①票据真假 ②商业承兑汇票的贴现要严格考察开票企业的偿付能力 ③二次质押中形成平台资金池或自融问题
股权质押	出质人以其所拥有的股权作为质押标的物而设立的质押。股权出质后，质权人只能行使其中的受益权等财产权利，公司重大决策和选择管理者等非财产权利则仍由出质股东行使。	①股权价值的认定 ②违约后股权变现能力
融资租赁收益权转让	融资租赁公司，即融资租赁收益权持有人转让融资租赁合同项下收取租赁的权利给投资人。释放规模压力，拓宽融资渠道。	①承租人的还款能力 ②融资租赁公司回购能力 ③租赁设备等的市场变现能力
信托受益权转让	受益人将其享有的信托受益权通过协议或其他形式转让给受让人持有，通过这种转让或卖出回购方式阶段性转让信托受益权融资。	①法律风险：银行业监管机构规定受益权进行拆分转让的，受让人不得为自然人 ②信托资金来源的合法合规性问题 ③信托资金的投向

P2P 平台的运营人员和风控人员在分析不同业务类型的风险时，关键在于找出该业务的风险点，并评估其风险点控制的难易程度，进而优化平台的风控模型，降低平台的运营风险。

第二节　P2P 行业的风控挑战

2015 年，我国的 P2P 行业高速发展，行业贷款规模已经突破 1 万亿元，同时几个大的案件也将该行业推到了风口浪尖。相对于传统金融领域来说，P2P 领域面对的客户风险较高，其面临的风控挑战更大，主要有以下几方面：

一、客户风险较高

传统金融主要服务 70%左右的客户，这些客户的共同特征就是还款能力强或者背景好。其他 30%的客户包括中小企业和收入较低的白领、蓝领客户，银行不愿为他们提供服务。P2P 公司则是主要为这 30%的客户提供短期贷款、过桥贷款、消费贷款、发薪日贷款等。

大多数 P2P 公司的客户收入较低，不是银行的目标客户，其信用评分较低，在银行那里拿不到较好的贷款额度。传统金融认为这批客户还款能力较差，不愿意降低信贷审批要求为他们提供融资。

特别在当前经济调整阶段，这些小企业经营者或者中低收入人群缺少原始积累，受宏观经济影响较大，企业经营和收入波动较大，因此他们的还款能力不稳定。在 P2P 贷款客户中，还款能力不稳定的客户占很大比例，他们的信用风险较高，对 P2P 公司的风险控制提出了很大的挑战。

二、客户信用信息不全

传统金融行业可以借助于中国人民银行的企业征信和个人征信数据实施信用风险评估，各个银行和信用卡中心也可以及时更新客户金融信贷信息，共享黑名单。在传统金融领域，个人和企业的信用信息集中在一起，容易进行风险评估。

在 P2P 领域，大多数 P2P 公司没有接入中国人民银行征信系统，无法拿到客户全维度信用信息,例如客户财产、学历、收入、贷款、金融机构交易等信息。P2P 企业在实施信用风险评估时,仅依靠客户提供的信息进行验证,信息来源渠道狭窄,信息不够全面。

三、"羊毛党"的增多

所谓"羊毛党",是指专门选择各互联网渠道的优惠促销活动,以相对较低成本甚至零成本换取物质上实惠的人群,这一行为被称为"薅羊毛"。

当前,P2P 公司的获客成本居高不下,普遍存在不做营销活动无法获取用户的现状,但是做了营销活动,会有大量非活跃用户为了奖励到 P2P 平台投资,然后短时间内就撤资离开,这些人就是 P2P 的"羊毛党"。这种现象会造成 P2P 公司大量营销资源的浪费,并容易产生抹黑平台、诱发平台挤兑等问题。

(一)"羊毛党"的类型

随着 P2P 的发展,"羊毛党"也从单一地获取奖励,发展到团队协作,以"职业特工队"的水准大量地榨取 P2P 公司的资金,甚至使 P2P 公司资金链断裂,公司倒闭。根据相关部门的统计,目前市场的"羊毛党"有以下几类:

1.普通"羊毛党"

凡有活动就薅,不计风险,这是最初的"羊毛党"。随着 P2P 公司反制措施及薅羊毛成本的提高,这类"羊毛党"越来越少。

2.区分"薅"

有的"羊毛党"针对不同的 P2P 平台采取不同的"薅羊毛"策略,但总的来说,属于单兵作战,危害性较低。

3.职业"羊毛党"

以"薅羊毛"为职业,团队作战,分工明确,会使用各种高科技提升"薅羊毛技能"。他们往往拥有几百个手机号、身份证、银行虚拟卡,可对同一公司的活动狂薅。在榨取 P2P 平台的资金之余,还有部分团队从银行及运营商处非法获取网民资料信息及银行卡信息,用作不法交易,给正常的网民带来巨大的风险。此类型的"羊毛党"危害极大,可使 P2P 公司和客户遭受巨大的损失。

（二）P2P 公司应如何应对"羊毛党"

"羊毛党"是市场发展过程中的产物。P2P 平台的流量或者人气都会随着"羊毛党"的进入呈爆发式增长。一方面，"羊毛党"获得了他们想要的利益；另一方面，平台也从"羊毛党"身上获得了他们想要的广告效应。在如何处理好"羊毛党"这个问题上，平台运营者们应当考虑走出一条良性发展之路，转变"烧钱推广""跑马圈地"的发展思路，将更多的精力和资金投入到自身平台的风控建设之中，通过不断优化业务模式和平台特色，去吸引真正具备理财需求的网络投资人。

四、恶意欺诈投资者众多

几乎每家 P2P 公司的不良贷款率都没有对外公布过，但是依据行业经验，5%的不良贷款率是能接受的水平，这其中的主要损失来源于过高的互联网恶意欺诈、过高的信贷审批成本，以及过高的获客成本。

恶意欺诈基本上以团伙作案为主，并且这些人越来越狡猾，技术手段越来越先进，很难找到公共特征，也很难归纳，不容易及时发现。恶意欺诈的共性信息较少，即使有大量的"坏种子"，也不容易建立风控模型来实施精准控制。

第三节 P2P 平台对借款人的风险识别及防控方法

P2P 平台面对的借款客户形形色色，不同的借款人有着不同的生活状况和不同的经济状况，这些借款人给平台带来的风险也各不相同，平台要掌握好对借款人的风险识别方法，确定具体借款事项和风险防范措施。

一、网贷借款人经验或能力不足的风险及防控方法

此种风险主要表现为以下几个方面，如下图所示：

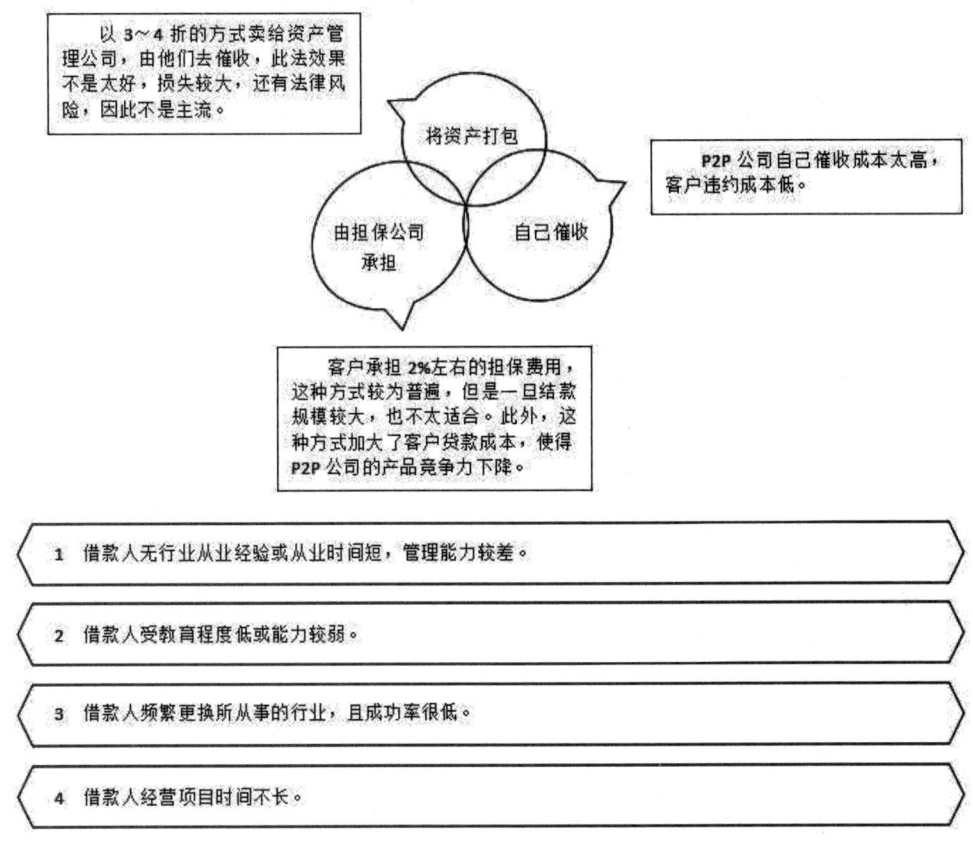

借款人行业经验或能力不足往往会导致其经营项目的失败，从而影响到正常还款。对于行业经验不足的借款人，网贷平台可以采取以下方法降低风险：

第一，要求其项目经营必须达到一定时间，保证经营正常稳定后才给予贷款。

第二，确认借款人有无其他收入来源，如有，则在其他收入来源的基础上确定贷款额度。

第三，要求提供可靠的担保，如借款人需提供不动产抵押或实物抵押。

二、网贷借款人居住不稳定的风险及防控方法

此种风险主要表现为借款人非本地常住人口,在本地无固定居住地或无住房。由于借款人居住不稳定,流动性很大,在贷款后如果借款人离开当地,则对贷款的回收会造成很大麻烦。如果向居住不稳定的借款人发放贷款,网贷平台可以采取以下方法降低风险:

第一,要求借款人提供在本地居住稳定、有实力的人担保,或是在本地居住稳定、对借款人有控制力的人担保。

第二,如果借款人在本地的经营项目很稳定,投资很大,不宜轻易转让,居住的稳定性则不重要。

三、网贷借款人或家人的健康风险及防控方法

此种风险主要表现为借款人身体不健康或有严重疾病,借款人家人有重大疾病。如果借款人或其家人有重大疾病等健康问题,借款人往往会花费巨资用在治疗上,从而会影响其还款能力,如果借款人死亡,其债务往往也得不到落实,进而使贷款落空。

借款人本人如果有重大疾病等健康问题,网贷平台最好不给予贷款;如果是其家人有重大疾病等问题,网贷平台可以考虑增加担保。

四、网贷借款人信用风险及防控方法

此种风险主要表现为以下几种:

第一,借款人有不良信用记录,以前贷款有拖欠或已有逾期的拖欠贷款。

第二,借款人拖欠供货商的货款。

第三,借款人拖欠税费、电费、水费等费用。

第四,借款人拖欠其员工的工资。

有上述不良信用行为的人,如果是恶意的,网贷平台应拒绝为其提供贷款。如果借款人虽有上述拖欠,但是非恶意行为,且时间都不长,只是其信用观念淡薄,没有意识

到信用记录的重要性，同时借款人是有还款能力的。在这种情况下，可与借款人就信用意识进行交流和沟通，提高借款人的信用意识，增强其信用观念。如果借款人接受，则可先向其提供小金额的贷款，并要求提供担保；如果以后还款记录良好，可逐步增加贷款金额。

五、网贷借款人还款能力不足的风险及防控方法

此种风险主要表现为以下几种：

第一，经营项目投资较小或固定资产少，很容易转移或出让。

第二，经营项目利润少，收入不足。

第三，调整后的资产负债比率过高。

第四，现金流入量比每期的还款额低。

当借款人出现贷款申请额与其还款能力不匹配时，应降低贷款额度，在借款人的还款能力内发放贷款，也可要求提供抵押或保证担保。

第四节　P2P 平台债权转让的模式及风险防范

自 2016 年起，国家加大了对互联网金融领域的专项整治，《互联网金融风险专项整治工作实施方案》涉及 P2P、股权众筹、第三方支付、互联网保险、互联网跨界资管、互联网金融广告等多个领域。该方案中要求 P2P 和股权众筹平台未经批准均不得从事资产管理、债权转让、股权转让、股市配资等业务。

在实际运营当中，很多 P2P 平台的理财产品都含有债权转让模式，一旦被禁止，将严重影响平台运营。

一、P2P 平台债权转让模式

目前我国 P2P 平台的债权转让模式主要包括普通债权转让、投资人债权变现、专业放贷人三种模式。

（一）普通债权转让模式

债权出让人基于与债务人签订的商品或服务交易合同而获得债权，如买卖双方签订买卖合同且卖方实际履行合同义务，则卖方对买方享有债权。后出让人（资金需求方）将此等债权通过 P2P 平台全部或部分转让给投资人，P2P 平台在此种模式中仅起到信息中介的作用。

（二）投资人债权变现模式

投资人债权变现模式，即 P2P 平台上的投资者将自己投资的未到期的债权产品转让给该平台上的其他投资者，将债权变现，如下图所示：

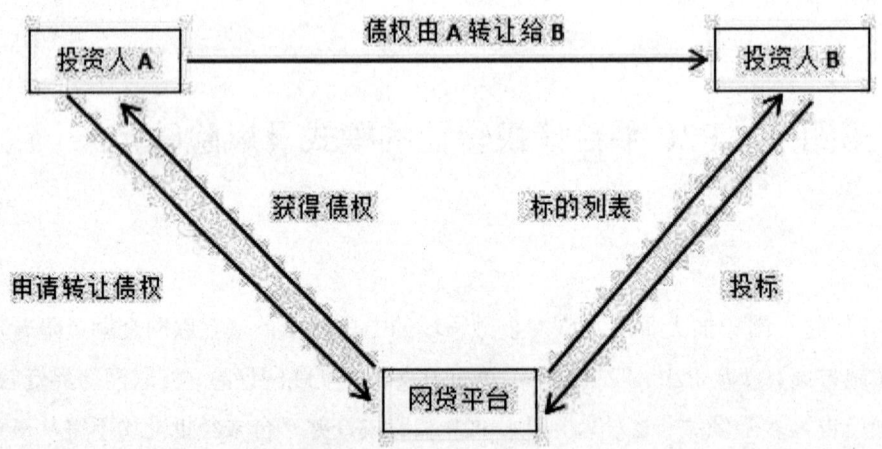

（三）专业放贷人模式

专业放贷人模式，即在普通债权转让模式中多了一个专业放贷人的角色，专业放贷人通常是与 P2P 平台有关联关系的自然人，如法定代表人或高管。专业放贷人介入原本由资金需求方直接将债权转让给投资人的关系中，先由专业放贷人受让资金需求方的债权（资金需求方退出债权债务法律关系），随后通过 P2P 平台将该等债权进行拆分（大标拆小标，或长标拆短标，或兼有之）包装后在平台上转让给不同的投资人。

专业放贷人模式包括无承诺回购的债权转让和债权转让及回购两种情形：第一种是放贷人在债权转让成功后，从债权法律关系中退出，投资人成为新的债权人；第二种是放贷人承诺当债务人无法还本付息时回购标的债权，不退出债权法律关系。如下图所示：

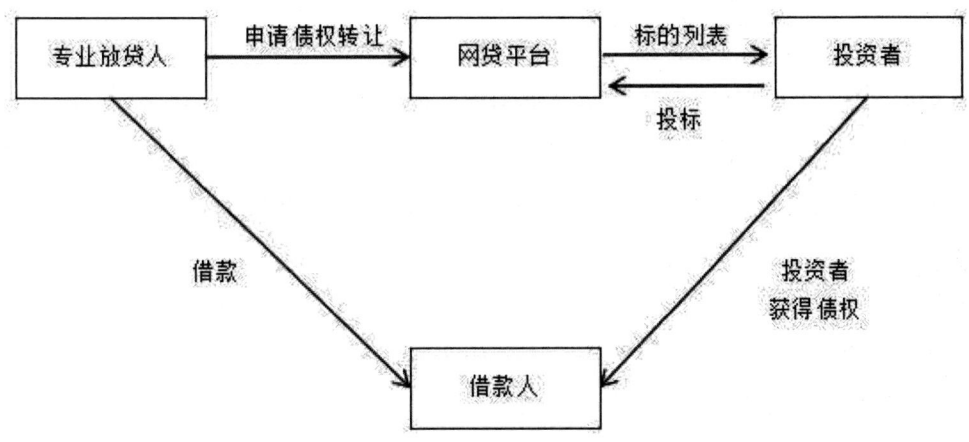

二、P2P 债权转让被禁止的原因

《互联网金融风险专项整治工作实施方案》中提到，P2P 平台"未经批准不得从事资产管理、债权转让、股权转让、股市配资等业务"，并没有直接禁止从事债权转让业务，监管层之所以将 P2P 的债权转让模式纳入监管范围，是因为从事债权转让模式的 P2P 很容易出现问题。

《中华人民共和国合同法》第七十九条规定，债权人可以将合同的权利全部或者部分转让给第三人，但有下列情形之一的除外：

第一，根据合同性质不得转让。

第二，按照当事人约定不得转让。

第三，依照法律规定不得转让。

可见，普通债权转让模式和投资人债权变现模式是符合法律规定的，在实践操作中法律风险也较小。专业放贷人模式是 P2P 网贷平台使用较多，也是风险极大的债权转让模式，因为该种模式容易存在居间人债权转让、期限拆分、自融等法律风险，因此才会被监管层纳入监管范围。

三、专业放贷人模式的法律风险

（一）自融风险

P2P 平台与专业放贷人之间具有关联关系，容易产生自融风险。投资人受让专业放贷人的债权，受让价款汇集到专业放贷人的账户，而专业放贷人与 P2P 平台往往具有关联关系，若资金没有妥善存管和使用，极易涉嫌自融的法律风险。

（二）平台性质变质的风险

违反 P2P 平台信息中介的规定，容易产生平台性质变质的风险。在专业放贷人模式中，P2P 平台拥有资金需求方和投资人两方面的资源，将两端资源拆分成任一组合，先通过专业放贷人将资金出借给借款人获取债权，然后将债权进行期限拆分转让给不同的投资人，获得投资资金。这种行为违反了信息中介和直接借贷的规定。

（三）期限错配的风险

违反 P2P 平台禁止期限拆分行为的规定，容易产生期限错配的法律风险。平台将专业放贷人受让的债权拆分后转让给投资人，容易产生期限错配的风险。

（四）虚假债权与重复转让的风险

债权转让由专业放贷人和 P2P 平台操控，投资人难以知晓债权是否真实存在，以及债权是否重复转让。信息披露不完善容易产生虚假债权和重复转让的风险。

（五）债权转让效力风险

《中华人民共和国合同法》第八十条规定，债权人转让权利的，应当通知债务人。未经通知，该转让对债务人不发生效力。放贷人未履行法定的通知义务则会产生债权转让对债务人无效的风险，以致投资人的权益未能实现。

（六）资金池风险与非法集资风险

在实际操作中，一些平台或者专业放贷人代替投资人收取和管理借款人的还款，再向投资者支付。此种情形下，平台或是专业放贷人没有对资金进行存管，容易形成资金池。

四、P2P 平台债权转让的法律风险防范

由于专业放贷人模式存在较大的法律风险，因此对于 P2P 平台来说，应当从以下几方面注意平台的债权转让业务是否安全：

（一）放贷人与平台是否具有关联关系

P2P 平台与放贷人或者担保方是否有关联关系早已成为业界的敏感信息，平台需要警惕关联关系可能带来的"自融""自担保"。在债权转让业务中，债权出让人（无论是专业放贷人还是原债权人）与平台具有关联关系，容易让人产生资金自用的嫌疑，故若有此种关联关系，则应当予以调整并保证资金安全。

（二）平台是否做好资金存管

资金未妥善存管和使用，极易形成资金池，进而涉嫌非法集资的法律风险。在债权转让业务中，P2P 平台应该按照法律规定建立资金存管制度，真正实施资金存管，保障资金的合法走向。

（三）P2P 平台是否违背信息中介的本质

平台作为撮合投资人与借款人之间借贷关系成立的居间人，若平台在债权转让业务中违背信息中介的本质，参与直接借贷，为债权出让人行使决策，主导借贷关系，则是违规经营。

（四）是否有虚假债权和重复转让的行为

虚假债权和重复转让无疑损害投资人的合法权益，虚构假标也是非法集资类犯罪常见的行为，若平台存在此等行为，则面临的风险极大。平台需要做好信息披露，审查债

权的真实性，保障投资人的知情权。

（五）是否有期限拆分的行为

专业放贷人模式容易导致期限打包错配，因此平台绝对不能拆时间再错配。若平台的债权转让产品有期限拆分的行为，则平台的安全系数降低，应当予以调整。

P2P平台在实际运营债权转让中往往还涉及商业保理公司、融资租赁公司、交易所的债权和收益权等复杂情形，面临的法律问题也各不相同。平台要合规经营，避免相关法律风险。

第五节　识别P2P平台是否会跑路的关键指标

2011年，全国的P2P公司不过区区几十家，截至2015年年底，数量已经增长到近4000家，行业发展可谓迅猛异常。但众所周知，P2P行业在高速发展的同时，问题平台层出不穷，截至2015年年底，问题平台累计已达1000余家。随着触目惊心的"e租宝"事件爆发，人们一度"谈P2P色变"。

因此，普通投资者如何识别P2P平台是否会跑路已经成为保护自己财产不受损失的一项重要工作。投资者应当从以下几个关键维度考察P2P平台，识别其安全性：

一、平台待收金额

平台待收金额代表了平台上放贷人未收回欠款的总额。一般而言，运营良好的正规平台待收金额波动较小，相对平稳，而年底较容易出现集中提现的情况，待收金额会有下降的趋势。

如果待收金额大幅度下降，只减不增，则可能是平台遇到了瓶颈，交易量下降。如果平台只借不还，或者拿新借款还旧借款，自然会出现待收金额只增不减的情况。如果这一数据在短时间内迅速提升，则平台很有可能是预备跑路的欺诈平台。

二、平台新增借款

新增借款在很大程度上反映了一段时间内平台的发展情况。新增借款稳中有升比较正常；骤然增加，资金链断裂、跑路风险较大；骤然减少，自融、非法集资的概率较大。

三、平台投资金额

投资金额是平台当天的投资总额，一般而言，投资金额稳中有升。如果投资金额连续下降，则平台倒闭的风险很大。

四、平台投资人数

投资人数指的是平台的活跃投资人，平台投资人数如果出现连续下降的情况，那么平台的资金链容易断裂，倒闭风险很大。不少问题平台都符合这一趋势，结果也是大同小异，基本最后以跑路、倒闭、出现提现困难等告终。

第六节　如何识别 P2P 平台假标

每个行业都有欺诈行为，P2P 作为金融行业的一员更是难以幸免。假标，也被称为假项目，已经成为 P2P 投资人上当受骗的一个重要原因。据统计，截至 2016 年 5 月底，共计出现的 600 多家问题平台中有近半涉及假标。如何识别假标，是判断 P2P 网贷投资者能否提升风险防控能力的重要标志。

一、制造假标的目的

简单地说,假标就是不存在的借款需求。平台方面发布虚假项目(标的)的目的无非以下四个:

(一)诈骗

诈骗多见于新建平台,此类平台的目的就是圈钱跑路,往往配以高息、托管、保障等广告字眼,基本规范全无,利用假标吸引投资者进行投资,当投资者资金汇进资金池账户后便卷款潜逃。

(二)庞氏骗局

庞氏骗局简单理解就是借新还旧。一般发生在对借款进行本息担保并且不进行资金托管的平台,由于风控缺位,或者坏账率高使得平台只能以借新还旧的形式存续,为了大量地借新往往采取虚构借款标的的方式,容易造成资金链断裂。

(三)自融

自融的目的多用于弥补自有实业或偿还债务等。自融对于传统金融来说是一条红线,但是平台可以运用虚假标的绕道自融,一旦平台资金无法维系,平台就难以正常还款,存在极大的风险。

(四)虚增人气

一些平台出于营销或者提高人气的目的,在实际借款需求不足的情况下设立虚假标的物。这一类情况往往会被误以为平台人气旺,对于注重平台人气的投资人,尤其需要注意。

有这种行为的平台并不少,很多平台是上线就发假标,用以避免平台资金的大量流失,由于没有实际借款人的存在,平台方将背负偿还利息压力。

还有一类是借款人发的假标。由于某些 P2P 平台风控水平低,对借款人身份信息核查不到位,导致借款人以不同身份在 P2P 平台上发布大量虚假借款信息。

二、假标的危害

（一）易导致自融、跑路等行为

假标是平台自融的典型手法。某些平台为拉拢资金，不惜上线大量的假标以吸引投资者，而筹集所得资金最终被平台挪用，存在着大量"借新债还旧债"、资金池暗箱操作、期限错配等违规行为。一些平台倒闭或者跑路之前，发行大量假标，迅速积累巨额资金，然后携款跑路，给投资者带来重大损失。从这个角度来看，发布假标实际上是一种诈骗行为。

（二）投资者资金无法保障

由于假标中不存在真实的借款人和借款需求，做假标实为平台自导自演的项目，最终还款来源是平台本身。平台自身作为借款人，缺乏各种风险保障措施，所借资金也并非用于正常企业生产运营。一旦平台资金无法维系，平台就难以正常还款，带有极大的风险性。

三、如何判断假标

虚假标的骗局层出不穷，投资者要想避免"踩雷"风险，应该从平台信息和标的信息两方面入手。

平台信息方面，综合众多跑路平台可以看到一些虚假标的平台的共性，远离这些平台能降低"中雷"风险。首先，平台造假虚构公司情况及背景，网站页面山寨。比如有的平台地址显示为某大厦不存在的楼层，有的平台办公地址在菜市场，其网站设计十分简陋，甚至抄袭其他平台，另外有些网站从网络内容服务商备案号可以发现是关联平台。其次，平台鼓励投资人把资金转至私人账户，不愿意接受第三方托管，这是跑路平台通常会采取的模式。

标的信息方面，投资者可以通过以下几点辨别是否为假标：

（一）借款人的借款信息是否清晰

借款人的身份信息是否详细，如借款人的年龄、职位、收入及单位属性等一系列基本信息；借款人的身份信息是否可靠，平台能否提供有效的材料与渠道证明平台所发布的借款人借款与身份信息都是真实可靠的。

（二）资金担保情况是否公平

如果项目经过小贷公司或担保公司担保，相应的担保资质、担保资金情况、与平台关系要说明清楚。

（三）相应接待合同、抵押合同是否完善

如果能到平台现场随机抽查标的真实性，效果会更佳，其中纸质版的借贷合同、抵押合同、打款凭证尤为重要。

（四）借款利率是否正常

正常企业能提供一定抵押物的，能承受的短期拆借的年综合成本不会太高，算上给投资人的收益、平台管理费用、担保费用，长期使用高息民间借款的企业本身就很不正常。遇到收益高、期限长的借款项目要谨慎。

第七节　如何看透风险准备金的"猫腻"

P2P 网贷平台在快速发展的同时，暴露出了诸多风险问题，倒闭、跑路等事件屡见不鲜。"去担保化"的监管思路逐渐明确，以及投资者安全意识不断增强，因此有越来越多的网贷平台开始考虑通过其他方式增信，风险准备金就是其中之一。

P2P 网贷平台的风险准备金是指平台从每一笔成功的借款中提取借款额的一部分（通常为 2%~3%，一般会根据平台的坏账率而定），存入风险准备金账户中，主要用于平台项目逾期后，从风险准备金账户中取出资金为投资人进行本金或本息垫付。

需要注意的是，风险准备金只能提供有限的保障。一旦系统风险大到风险准备金无法偿付时，只能采取延期偿付、增加风险准备金的方式来解决偿付问题。那么，该如何看透风险准备金的"猫腻"呢？投资者需要注意以下三点：

一、注意信息披露状况

投资者应当注意 P2P 平台对风险准备金信息的披露情况，目前采用风险准备金模式的 P2P 网贷平台，仅有少部分平台会公布风险准备金的资金情况，提供相应的报告或账户信息的平台更是少之又少。对于未披露风险准备金详细情况的平台，风险准备金究竟是否真实存在，金额有多少，投资人通常很难分辨。因此，在投资 P2P 时应尽量选择信息披露翔实的平台。

二、谨慎考察平台

对于提供银行报告或证明的平台，投资者要谨慎考察，不要轻易相信平台的宣传。

真正意义上的银行托管，是指 P2P 平台及银行双方必须签约，约定缴存比例及启用条件，平台每一次启用资金也必须是符合条件的，且要经银行审批，这样银行才起到监管的作用。是否是真实的银行托管，可以通过平台公布的报告或证明识别。

三、注意风险准备金的使用规则

投资者需要注意风险准备金的使用规则，风险准备金的使用规则通常包括以下五条：

第一，违约赔付规则。

第二，金额上限规则。

第三，收益转移规则。

第四，有限偿付规则。

第五，债权比例规则。

其中，有限偿付规则是指风险备用金对投资人逾期应收的赔付以该账户的资金总额为限，当该账户余额为零时，自动停止对投资人逾期应收赔付金额的偿付，直到该账户获得新的风险备用金。也就是说，如果平台风险准备金余额不足，投资人是不一定能够完全收回投资资金的。

第十章　股权众筹的风险防控

第一节　股权众筹运营的不同模式

"众筹"翻译自英文"Crowdfunding"一词，意为大众筹资或群众筹资，是指用团购＋预购的形式，向网友募集项目资金的模式。众筹利用互联网的传播性，让小企业、艺术家或个人向公众展示他们的创意，争取大家的关注和支持，进而获得所需要的资金援助。

股权众筹为融资困难的小微企业创造了新的融资渠道，是天使投资的有益补充，并且较低的投资门槛满足了一些资金不够充足却有投资愿望的投资人的诉求。

股权众筹随着互联网的普及和创业时代的到来而快速发展，与此同时，也出现了很多行业乱象。股权众筹行业内不规范、不合法的现象加剧了行业风险，这些乱象亟待治理。

一、认识股权众筹

众筹，顾名思义，即众人为某项事业筹集资金。众筹是互联网的产物，通过互联网传播信息、募集小笔资金，可以大大降低交易成本；众筹也使投资人和资金需求方直接联系起来，省却了作为中间人的金融机构、投资机构。

（一）股权众筹的分类

从投资者的角度，以股权众筹是否提供担保为依据，可将股权众筹分为无担保的股权众筹和有担保的股权众筹两大类。前者是指投资人在进行众筹投资的过程中没有第三方公司提供相关权益问题的担保责任（目前国内基本上都是无担保股权众筹）；后者是指股权众筹项目在进行众筹的同时，有第三方公司提供相关权益的担保，这种担保是固定期限的担保责任，在我国尚未被多数平台接受。

（二）股权众筹的参与主体

在股权众筹运营当中，主要参与主体包括筹资人、出资人和众筹平台三个组成部分，部分平台还专门指定有托管人。

1.筹资人

筹资人，又称发起人，通常是指融资过程中需要资金的创业企业或项目，他们通过众筹平台发布企业或项目融资信息，以及可出让的股权比例。

2.出资人

出资人往往是数量庞大的互联网用户，他们利用在线支付等方式对自己觉得有投资价值的创业企业或项目进行小额投资。待筹资成功后，出资人获得创业企业或项目一定比例的股权。

3.众筹平台

众筹平台是指连接筹资人和出资人的媒介，其主要职责是利用网络技术支持，根据相关法律法规，将项目发起人的创意和融资需求信息发布在虚拟空间里，供投资人选择，并在筹资成功后负有一定的监督义务。

4.托管人

为保证各出资人的资金安全，确保出资人资金切实用于创业企业或项目，以及筹资不成功时能够及时返回，众筹平台一般都会指定专门银行担任托管人，履行资金托管职责。

（三）股权众筹的运作流程

股权众筹一般运作流程大致如下：

第一，创业企业或项目的发起人向众筹平台提交项目策划或商业计划书，并设定拟筹资金额、可让渡的股权比例及筹款的截止日期。

第二，众筹平台对筹资人提交的项目策划或商业计划书进行审核，审核的范围需具体,但不限于真实性、完整性、可执行性及投资价值。

第三,众筹平台审核通过后,在网络上发布相应的项目信息和融资信息。

第四,对该创业企业或项目感兴趣的个人或团队,可以在目标期限内承诺或实际交付一定数量资金。

第五,目标期限截止,筹资成功的,出资人与筹资人签订相关协议;筹资不成功的,资金退给各出资人。

通过以上流程分析可以看出,与私募股权投资相比,股权众筹主要通过互联网完成"募资"环节,所以股权众筹又被称为"私募股权互联网化"。

二、股权众筹运营的不同模式

根据我国的法律法规和政策,股权众筹从运营模式可分为凭证式、会籍式和天使式三大类。

(一)凭证式众筹

凭证式众筹主要是指在互联网通过购买凭证和股权捆绑的形式来进行募资,出资人付出资金取得相关凭证,该凭证又直接与创业企业或项目的股权挂钩,但投资者不成为股东。

2013年3月,植物护肤品牌"花草事"在淘宝网高调销售自己公司原始股。花草事品牌对公司未来1年的销售收入和品牌知名度进行估值并拆分为2000万股,每股作价1.8元,100股起开始认购,计划通过网络私募200万股。股份以会员卡形式出售,每张会员卡面值人民币180元,每购买1张会员卡赠送股份100股,自然人每人最多认购100张。

在此之前,美微传媒也采用了大致相同的模式,由出资人购买会员卡,公司附赠相应的原始股份。此举一度在业内引起轩然大波。然而这两个项目都有非法集资的嫌疑,随后被相关部门叫停。所以目前国内还没有专门做凭证式众筹的平台。

（二）会籍式众筹

会籍式众筹主要是指在互联网上通过熟人介绍，出资人付出资金，直接成为被投资企业的股东。国内最著名的例子当属 3W 咖啡。

2012 年，3W 咖啡通过微博招募原始股东，每个人 10 股，每股 6000 元，相当于一个人 6 万元。很多人并不是特别在意 6 万元，花点小钱成为一个咖啡馆的股东，可以结交更多人脉，进行业务交流。很快 3W 咖啡汇集了诸如沈南鹏、徐小平等数百位知名投资人、创业者、企业高管等，股东阵容堪称华丽。3W 咖啡引爆了 2012 年中国众筹式创业咖啡的流行。没过多久，很多城市都出现了众筹式咖啡厅。应当说，3W 咖啡是我国股权众筹软着陆的成功典范，具有一定的借鉴意义。但也应该看到，这种会籍式的咖啡厅，很少有出资人是出于财务盈利的目的参与的，大多数股东在意的是其提供的人脉价值、投资机会和交流价值等。

（三）天使式众筹

与凭证式、会籍式众筹不同，天使式众筹更接近天使投资或 VC（Venture Capital，风险投资）的模式，出资人通过互联网寻找投资企业或项目，付出资金或直接或间接地成为该公司的股东，同时出资人往往伴有明确的财务回报要求。

以"大家投"网站为例，假设某个创业企业需要融资 100 万元，出让 20%股份，在网站上发布相关信息后，A 做领投人，出资 5 万元，B、C、D、E、F 做跟投人，分别出资 20 万元、10 万元、3 万元、50 万元、12 万元。凑满融资额度后，所有出资人就按照各自出资比例占有创业公司 20%股份，然后再转入线下办理有限合伙企业成立、投资协议签订、工商变更等手续，该项目融资计划至此就算顺利完成。

确切地说，天使式众筹应该是股权众筹模式的典型代表，它与现实生活中的天使投资、VC 的区别在于募资环节通过互联网完成。互联网给诸多潜在的出资人提供了投资机会，再加上对出资人几乎不设门槛，所以这种模式又有"全民天使"之称。

第二节 股权众筹的主要风险分析

伴随着互联网金融日新月异的发展,众筹作为主流模式之一,呈现出快速发展的格局,但是风险也日益突出,特别是冠以"全民天使"之称的股权众筹在发展过程中备受争议。了解当前股权众筹运营中的主要风险,并对其间蕴藏的法律风险进行分析具有重要意义。

一、非法集资的风险

股权众筹模式的出现冲击了传统的"公募"与"私募"的划分界限,也使得"非法集资"风险成为股权众筹亟须防控的主要风险之一。

2010年12月《最高人民法院关于审理非法集资刑事案件具体应用法律若干问题的解释》第一条规定如下:

违反国家金融管理法律规定,向社会公众(包括单位和个人)吸收资金的行为,同时具备下列四个条件的,除刑法另有规定的以外,应当认定为刑法第一百七十六条规定的"非法吸收公众存款或者变相吸收公众存款":

第一,未经有关部门依法批准或者借用合法经营的形式吸收资金。

第二,通过媒体、推介会、传单、手机短信等途径向社会公开宣传。

第三,承诺在一定期限内以货币、实物、股权等方式还本付息或者给付回报。

第四,向社会公众即社会不特定对象吸收资金。

未向社会公开宣传,在亲友或者单位内部针对特定对象吸收资金的,不属于非法吸收或者变相吸收公众存款。

该司法解释同时要求在认定非法吸收公众存款行为时,上述四个要件必须同时具备,缺一不可。因此,股权众筹运营过程中对非法吸收公众存款风险的规避,应当主要围绕这四个要件展开。

就前两个要件而言,基本上是无法规避的。股权众筹运营伊始,就是尚未经批准的;股权众筹最大特征就是通过互联网进行筹资,而当下互联网这一途径,一般都会被认为属于向社会公开宣传。所以，这两个要件是没有办法规避的。

针对承诺固定回报要件，实践中有两种理解：一种观点是不能以股权作为回报，另一种观点则是可以给股权，但不能对股权承诺固定回报。如果是后一种观点还可以效仿私募股权基金募集资金时的做法，使用"预期收益率"的措辞。但如果是前一种观点，相应要复杂一些，可以采取线上转入线下采取有限合伙的方式，或者将若干出资人的股权让某一特定人代持。

针对向社会不特定对象吸收资金这一要件，由于股权众筹就是面向不特定对象的，这一点必须做出处理。实践中有的众筹平台设立投资人认证制度，给投资人一定的门槛和数量限制，借此把不特定对象变成特定对象；也有的平台先为创业企业或项目建立会员圈，然后在会员圈内筹资，借以规避不特定对象的禁止性规定。

就实物回报型众筹模式而言，尽管其声称性质为"预购+团购"，但事实上其与常规的预购或团购有重大区别。团购的标的大多已制造成形，实物回报型众筹涉及的项目在发布时通常未生产成品，其最后是否能严格按期生产并且及时交付给投资人，存在诸多变数。因此，一旦实物回报型众筹的项目发起人以非法占有为目的，虚报项目并发布欺骗性信息，骗取投资人数额较大资金，则会构成集资诈骗罪。

另外，不论是实物回报型众筹，还是股权回报型众筹，它们的平台在运营时，投资人的资金通常先注入平台所设账户。即便有些网站声称投资人注入的资金由第三方账户存管，但现实是第三方账户存管制度并不健全，此类账户并未受到监管机构的监督，而是多由众筹平台自身掌控。一旦众筹平台以非法占有为目的，虚构其获得批准从事吸收资金的资格，设置"资金池"汇聚资金，骗取投资人数额较大的资金后卷款跑路，则众筹平台实际控制人将面临涉嫌集资诈骗罪的风险。

金融市场中的集资行为若是缺乏必要的监管与引导，往往容易触发"羊群效应"，投资者的盲目性所造成的跟风后果往往容易使得投资的人数迅速增加、投资的规模急剧膨胀，一旦风险发生便会酿成恶果。

因此，法律对该类筹资行为无论是在筹资人数上还是在筹资条件上都要有严格的规定。股权众筹作为新兴的融资模式，以互联网作为融资平台，其涉及的人群之广、数额之大，往往使其极容易触及法律禁止的红线。单纯依靠平台自身运作方式的变通很难完全防范非法集资的风险，必须通过外部监管的加强才能保证股权众筹在法律的框架内稳定地运行。然而，要使外部监管能够有效地推进，首要环节便是要完善信息披露制度。平台要完善信息披露制度必须有相应的法律法规做出明确的规定，提出明确的要求。

二、非法发行证券的风险

以互联网技术平台为依托的众筹,其主要行为模式就是向社会大众在介绍资金项目的基础上获得不特定社会对象的投资,因而股权类众筹很容易触及向社会不特定对象发行股票的法律红线。即便是众筹发起人采取向社会特定对象发行股票的模式开展众筹业务,投资人数往往也难以控制在法律所要求的人数内。

依照《关于审理非法集资刑事案件具体应用法律若干问题的解释》的规定,向社会特定对象变相发行股票累计超过二百人的,如果在股票的发行条件、程序、内容等事项方面,没有获得国务院证券管理部门的批准,也没有达到符合法律法规的要求的,该行为将涉嫌构成擅自发行股票罪。

我国《证券法》规定,公开发行证券,必须符合法律、行政法规规定的条件,并依法报经国务院证券监督管理机构或者国务院授权的部门核准。未经依法核准,任何单位和个人不得公开发行证券。证券发行注册制的具体范围、实施步骤,由国务院规定。有下列情形之一的,为公开发行:

第一,向不特定对象发行证券的。

第二,向特定对象发行证券累计超过二百人的。

第三,法律、行政法规规定的其他发行行为。

非公开发行证券,不得采用广告、公开劝诱和变相公开方式。

必须提到的是,迄今为止,《证券法》并未对"证券"给出明确的定义,究竟有限责任的股权和股份有限公司的股份是否属于《证券法》规定的"证券",业界仍有一定的争议,但前文提到的美微传媒被中国证监会叫停,显然主管部门更倾向于认定股权属于证券范畴。针对《证券法》第九条有三个问题值得关注。

(1)必须符合法律、行政法规规定的条件

公开发行一般对公司有一定的要求,如要求公司的组织形态一般是股份有限公司,必须具备健全且运行良好的组织机构,具有持续盈利能力,财务状况良好,最近三年内财务会计文件无虚假记载,无其他重大违法行为,以及满足国务院或者国务院证券监督管理机构规定的其他条件。

股权众筹项目显然通常都不具备这些条件,绝大多数众筹项目在众筹计划发布时公司都尚未注册成立,更别提具备良好的财务记录了,显然不具备公开发行证券的条件,因此只能选择不公开发行了。

（2）非公开发行

众筹这种方式的本质是筹集大众资金，说明它面向的范围会比较广。与此同时，众筹又是一个新生事物，以互联网作为聚集人气的手段，如果法律对这些都进行强制性的规制，那么无疑会扼杀这个新兴的具备活力的创业模式。

（3）向特定对象发行累计超过二百人

"不超过二百人"是数量上的禁止性规定，这个在实践中比较容易把控。但有一点是，这二百人的认定，是打通计算，还是仅看表面？如果是打通计算，说明股权众筹最多只能向二百人筹资；如果是仅看表面，那么众筹平台在实践中就会有许多变通方式。

三、非法经营的风险

事实上，不论是非法吸收公众存款的行为，还是擅自发行股票的行为，均是一种非法经营的行为。非法吸收公众存款的行为本质上是一种未经国家有关主管部门批准，非法从事资金支付结算业务的行为；擅自发行股票的行为本质上是一种未经国家有关主管部门批准，非法经营证券的行为。

虽然在互联网时代，作为互联网金融创新类型的众筹模式具有一定的虚拟性、隐蔽性及迷惑性，将其认定为非法吸收公众存款罪或擅自发行股票罪有一定的难度，但非法吸收公众存款罪、擅自发行股票罪与非法经营罪是法条竞合关系，即特殊罪名与普通罪名的关系，如果将众筹模式认定为特殊罪名有困难，则完全有可能将其认定为非法经营罪。更何况，非法经营罪中的"其他严重扰乱市场秩序的非法经营行为"作为兜底条款是一种概括性规定，本身就赋予了司法机关较大的自由裁量权。

四、投资者审核的风险

（1）不完善的投资者审核可能给投资者本身带来风险

非法集资是指单位或者个人未依照法定程序经有关部门批准，以发行股票、债券、彩票、投资基金证券或其他债权凭证的方式向社会公众筹集资金，并承诺在一定期限内以货币、实物及其他方式向出资人还本付息或给予回报的行为。

非法集资最大的特点在于向社会公众筹集资金。社会公众覆盖面广，这其中既包含有一定领域投资知识、经验和能力的个体和组织，又包含没有任何金融风险意识和判断能力的个体。因此，我国法律规定只有拥有雄厚资本和公信力的上市公司才有公开募股的能力。股权众筹平台的服务对象主要是处于种子期的初创企业，对这些企业的投资风险更强于处于其他阶段的企业，为了保护投资者的利益，必须对其资质进行审核。

（2）不完善的投资者审核可能给初创企业带来风险

如果允许任何人查阅初创企业的项目创意和构想、商业企划书和运营概况，就有可能造成商业秘密泄露，特别是影响对初创企业发展资本的创意的保护，从而变相地将初创企业扼杀于摇篮之中。因此，为了保护初创企业的利益，应当对投资者进行资质的审核。

（3）不完善的投资者审核可能给平台带来风险

只有完善的资质审核，才不会使经验丰富的投资人和创业者因为担心信息的泄露望而却步。

五、代持股的风险

部分股权融资平台的众筹项目以融资为目的，吸收公众投资者为有限责任公司的股东。但根据《中华人民共和国公司法》第二十四条规定，有限责任公司由五十个以下股东出资设立。那么，众筹项目所吸收的公众股东人数就不得超过五十人。如果超出，未注册成立的不能被注册为有限责任公司；已经注册成立的，超出部分的出资者不能被工商部门记录在股东名册中，享受股东权利。

目前在中国，绝大部分对股权式众筹项目有兴趣的出资者只愿意提供少量的闲置资金来进行投资，故将股东人数限制在五十人以内，将导致无法募集足够数额款项进行公司运作的后果。因此，在现实情况中，许多众筹项目发起者为了能够募集足够资金成立有限责任公司，普遍建议出资者采取代持股的方式来规避《中华人民共和国公司法》关于股东人数的限制。

采用代持股的方式虽然在形式上不违反法律规定，但在立法精神上并不被鼓励。当显名股东与隐名股东之间发生股东利益认定相关的争端时，由于显名股东是记录在股东名册上的股东，因此除非有充足的证据证明隐名股东的主张，否则一般会倾向给显名股东提供权益保护。这种代持股的方式可能会导致广大众筹项目出资者的权益受到侵害。

六、非标准化风险

众筹在国内正处于刚刚兴起的阶段，发展不成熟，没有建立行业标准。目前，虽然各众筹网站基本建立起各自模式化的流程和标准，用于项目的申请和审核，但项目能否上线最终还是依靠某一团队的经验判断。项目的风险、金额设定、信用评级也基本取决于平台方，存在可操作的弹性空间。而不同团队能力参差不齐，对风控、操作的把握各异，因众筹平台经验不足导致失败，以及给出资者造成损失的事件也不少见。

七、资金流的风险

股权众筹平台的主要作用在于利用互联网在筹资者与投资者之间对富余资本进行优化配置，以提高富余资本的利用效率，从而解决信息不对称所带来的资本资源浪费的问题。基于上述认知，股权众筹平台主要发挥着中介的作用，以撮合投融资交易。一旦股权众筹平台在中介过程中能够控制资金的利用与流动，则投资人的资金便存在为平台所挪用的可能，一旦资金遭受损失则难以弥补，这对投资者与筹资者而言，无疑都是利益的极大损失。

因此，出于对资金安全性的考虑，平台是不能经手或负责管理资金的，一般可选择托管给可信任的第三方平台或银行，由投资者与筹资者协商约定向托管方支付一定的管理费用。

八、时间风险

募资的期限和及时性不同的股权众筹平台往往对项目募集期限的规定也不同。我国的一些众筹平台会设定项目筹资的期限，以督促项目在限定的时间内完成筹资，否则便撤销项目，将已筹集的资金返还给相应的投资人。

美国的 Angelist、Kickstarter 等众筹平台一般不设定筹资期限，给筹资人以充足的筹资时间，也可以为投资人提供一些时间跨度较长的项目参考。

客观来说，设定特定的募资期限在一定程度上能够降低投资者的投资风险，使得那些富含创新并能迎合市场需求的项目脱颖而出，使得那些推广应用价值不高并不被投资者看好的项目淘汰退出，能够鼓励筹资人提高项目的质量，实现项目资源的不断更新。同时，规定相应的筹资期限，也能够极大地降低筹资者与投资者的时间成本，提高交易的效率。

九、入资方式风险

有限合伙企业形式能否实现领投人与跟投人的利益平衡，我国《证券法》规定，未经核准的单位或个人向特定对象发行证券不得超过二百人。

为了规避法律条文中的这一人数限制，一些股权众筹平台如"大家投"便采取有限合伙企业的形式参与到股权筹资的活动中。平台一般会对领投人和跟投人依据目标筹资额设定不同的投资最低限额，如"大家投"规定领投人的项目投资额不得低于5万元，跟投人不得低于3万元。这一限制确保了项目投资的人数最多可以控制在40～50人，不会突破合伙企业的人数限制。

投资人数确定后，再由平台以投资人的名义成立有限合伙企业，最后再以有限合伙企业的名义加入项目的投资中，成为项目的股东。这一做法能够有效地规避法律法规中的人数限制，防止触及非法集资或违法犯罪的红线，但其会造成领投人与跟投人信息上的不对称，最终影响到跟投人的利益。

同时，这一入资方式在操作环节也很复杂。在平台代为注册办理有限合伙企业的过程中，平台要求外地投资者将身份证原件邮寄给平台，仅就这一环节便给投资者带来极大的不便与风险，使这一入资方式不仅要面临领投人与跟投人利益不平衡的问题，更要经受实践中难题的考验，从而使得在这一过程中投资者需要更加重视在其中存在的风险。

第三节　股权众筹机构的风险防控

股权众筹的从业机构作为互联网众筹的主导参与力量，其自身风险控制效果直接决定了行业的风险程度，因此股权众筹从业机构应当加强风险防控措施。具体来说，要做好以下几方面工作：

一、加强对从业人员的法律培训及警示教育

法治观念的淡薄和侥幸心理的存在往往是诱发某些从业人员触犯监管红线，引发风险事件的主因。因此，有针对性地对相关从业人员开展法律培训、进行警示教育，对于增强其守法意识，引导其依法从业，防范、杜绝其违法行为的发生均具有十分重要的意义。

二、协助从业机构建立、完善相关风控制度

互联网众筹机构开展业务应当建立健全各项制度，包括"客户资金第三方存管制度""信息披露、风险提示和合格投资者制度""消费者权益保护制度""网络与信息安全制度""反洗钱和防范金融犯罪制度"等各项制度。

上述各项制度既是监管部门对从业机构的基本要求，也是提高从业机构抵御、防范风险能力的重要风控制度。因此，于情于理、于公于私，从业机构都应当积极建立、完善上述制度。在此过程中，律师可以为从业机构提供相应的法律协助和支持。

三、起草、审核相关协议、文件

在具体的业务开展过程中，往往涉及大量的协议签署及文件发布活动。这些协议、文件既体现了从业机构的单位意志，也会对从业机构产生相应的法律拘束力。如果这些

文件、协议中存在逾越或疑似逾越监管红线的内容，则势必会置从业机构于危险境地，甚至可能成为对从业机构及其从业人员追究刑事责任的理由和根据。

因此，从业机构有必要慎重对待其所签署的协议和发布的文件，必要时应当安排专业法律人士协助开展起草、审核工作，努力确保从业机构的业务活动合法、合规，严格控制法律风险。

四、针对具体业务事宜开展专项法律分析

互联网金融鼓励创新，而创新在拓宽金融服务的业务范围、提高服务水平等方面带来新的利润增长点之外，也在一定程度上隐含着逾越监管红线的法律风险。很多时候，"创新"本身就意味着冒险。针对具体业务事宜开展相应的法律分析，就潜在的法律风险及业务自身的合规性、合法性进行适当的论证，不但有助于防范法律风险，还有利于互联网金融的业务创新。

五、对特定风险事件及时开展危机应对工作

在特定风险事件发生时，从业机构应当及时组建专业团队展开危机应对工作。工作内容包括但不限于以下三点：

第一，协助从业机构查明风险事件的相关事实，明确事件成因及责任主体，依法保全相关证据材料，协助从业机构积极配合主管部门的调查工作。

第二，作为从业机构的代理人或者辩护人，积极参与因风险事件引发的诉讼案件，依法提出减轻或免除从业机构法律责任的意见和主张。

第三，维护从业机构的合法权益，避免因风险事件造成的负面影响及危害后果进一步扩大和加重。

第四节 借股权众筹之名行违法犯罪之实的司法认定

近年来，互联网金融众筹行业成为"互联网+"领域中非常重要的发展趋势。与此同时，一批违法经营金额较大、涉及面较广、社会危害严重的互联网金融案件陆续发生，引发了社会各界疑虑。如何认定"借股权众筹之名行违法犯罪之实"成为维护金融安全的一项重要任务。一般来说，只要出现以下三种情形，即可认定是"借股权众筹之名行违法犯罪之实"的行为：

一、借股权众筹之名行集资诈骗之实

行为人以非法占有为目的，通过虚设项目、伪造企业信息、自建虚假股权众筹平台等手段向公众开展"股权众筹"活动，骗取投资人资金然后跑路等行为完全符合集资诈骗罪的构成要件。其中，如果行为人为实施集资诈骗行为采取的是自建虚假平台的手段，根据《中华人民共和国刑法修正案（九）》（以下简称《刑法修正案（九）》）的规定，那么其行为还可能构成"为违法犯罪设立网站、发布信息罪"。

股权众筹平台管理者若明知行为人实施集资诈骗行为仍为其包装上线，一方面构成集资诈骗罪的共犯，另一方面也符合《刑法修正案（九）》关于"明知他人利用信息网络实施犯罪，为其犯罪提供互联网接入、服务器托管、网络存储、通信传输等技术支持，或者提供广告推广、支付结算等帮助"的规定，此时可在集资诈骗罪（共犯）与"利用信息网络为犯罪提供帮助罪"中依照处罚较重的规定处罚。

二、借股权众筹之名行非法吸收公众存款罪之实

除实施集资诈骗犯罪外，行为人还可能借股权众筹之名行非法吸收公众存款罪之实，此时行为的主体既可以是融资者，也可以是股权众筹平台。若行为主体是融资者，则表现为融资者自称开展股权众筹活动，实际上却向投资者允诺还本付息或者变相允诺

还本付息、给付回报。例如，向投资者承诺项目在半年内必然盈利，若到第 7 个月仍未盈利分红则向投资者退还出资本息。该类行为的本质是行为人通过互联网以还本付息为回报底线，向社会不特定对象集资。那么该种情形是否构成非法吸收公众存款罪，还应具体分析。

如果行为人的筹资行为是通过合法的第三方筹资平台进行的，并且确实将所筹资金用于发展实体经济，那么该行为模式实际上属于已被监管层绿灯放行的 P2P 融资模式，此时不宜进行干预；如果行为人并非通过第三方筹资平台筹集资金，而是擅自融资，并且将其所融资金继续投放于金融市场，那么对行为人的行为应当以非法吸收公众存款罪定罪处罚。

股权众筹平台涉嫌非法吸收公众存款表现为在并无明确投资项目的情况下，事先归集投资者的资金，然后公开宣传吸引项目上线，再对项目进行投资，同时向投资者承诺由专业团队代为选择投资项目，风险为零，至少还本付息。该类行为的实质是将投资者对项目的直接投资转变为投资者先投资平台，再由平台投资项目的间接投资。此时平台发挥的不再是单纯的中介职能，而是在从事资金自融，并且还作出"零风险"、至少还本付息的承诺，完全符合非法吸收公众存款罪的构成要件。

三、借股权众筹之名行洗钱犯罪之实

除前述非法集资犯罪外，借股权众筹之名行违法犯罪之实行为的其他表现形式还包括借股权众筹之名行洗钱犯罪之实的行为，其具体表现有以下两点：

（一）融资者、股权众筹平台及第三方支付机构直接帮助上游犯罪行为人洗钱

毒品犯罪、黑社会性质的组织犯罪、恐怖活动犯罪、走私犯罪、贪污贿赂犯罪、破坏金融管理秩序犯罪、金融诈骗犯罪等犯罪行为的行为人，直接将犯罪所得及其产生的收益，通过股权众筹平台投放于众筹项目获利，或者通过收买融资者及股权众筹平台制造分红的假象从而将钱"洗白"。若融资者、股权众筹平台及第三方支付机构明知行为人实施上述行为，仍为其提供帮助或便利的，则构成洗钱罪。

（二）融资者、股权众筹平台及第三方支付机构为洗钱提供帮助或便利的行为

洗钱罪是融资者、股权众筹平台及第三方支付机构明知投资人为上游犯罪人洗钱而提供帮助或便利的行为。洗钱罪上游犯罪的行为人，通过其他投资人实施上述行为，融资者、股权众筹平台及第三方支付机构明知投资人实施上述行为而为其提供帮助或便利的，与投资人构成洗钱罪的共犯。

参 考 文 献

[1]杜川.金融机构、第三方催收、债务人均要明晰权责[N].第一财经日报,2024-05-17（A03）.

[2]何运信,王祺琦,胡旭阳.互联网企业金融科技发展与银行流动性创造：基于"竞争分流"与"技术溢出"双重视角的研究[J].经济社会体制比较,2024（03）：107-119.

[3]刘永华.互联网金融背景下的证券公司转型发展研究[J].全国流通经济,2024(08)：141-144.

[4]黎春燕.互联网金融风险及防范措施[J].中国集体经济,2024（12）：89-92.

[5]李菁昭,张雨欣,王傲君.互联网金融风险管理研究[J].合作经济与科技,2024(13)：52-54.

[6]滕海川.高科技发展背景下互联网金融风险管理及监管研究[J].中国集体经济,2023（33）：106-109.

[7]牛惊雷,王鑫飞.基于大数据分析的非法集资犯罪风险评估研究[J].金融科技时代,2023,31（11）：40-46.

[8]张宇.私募基金领域非法集资犯罪特征及侦查对策：以五十个相关案例为分析样本[J].山西警察学院学报,2022,30（04）：77-83.

[9]淦斌.监管新规对我国互联网金融行业发展的影响研究[D].江西财经大学,2021.

[10]屠莉佳.互联网金融流动性风险的有效监管策略探究[J].商讯,2021（32）：73-75.

[11]王章帆.大数据背景下的互联网金融风险及应对措施刍议[J].商业文化,2020（30）：43-45.

[12]李莉.试论网络传销犯罪的新问题及对策[J].山东警察学院学报,2020,32（05）：112-118.

[13]张左敏,李文婷.大数据在商业银行中的应用：基于风险控制的视角[J].科技与经济,2020,33（04）：61-65.

[14]陶荣荣.商业银行创新"互联网+票据"业务模式的思考[J].财富生活,2020(02):50.

[15]张秋平.互联网票据交易平台商业模式研究[D].天津大学,2019.

[16]唐志鹏.互联网票据理财现状与未来发展[J].上海立信会计金融学院学报,2019(04):75-84.

[17]王冬吾.国外 P2P 网贷大数据风控管理与经验借鉴[J].西南金融,2019(02):90-96.

[18]孙杰.大数据在信用风险管控方面的应用研究[D].北京邮电大学,2018.

[19]樊瑜菡.从 e 租宝事件看我国 P2P 网贷平台风险防控机制[J].大众投资指南,2017(04):67-68.

[20]何荣华.关于互联网金融法律监管问题研究[J].法制博览,2016(21):258.